最奇妙的问题　最高明的回答

孩子提问题 大师来回答 ②

DOES MY GOLDFISH KNOW WHO I AM?
and hundreds more
Big Questions from Little People
answered by experts

[英]杰玛·埃尔文·哈里斯（Gemma Elwin Harris）●编著　杜　冰●译

上海社会科学院出版社

《孩子提问题 大师来回答 2》

入选 2015 年度各大好书榜单

- ★ 2015 中国好书榜年榜·少儿类 TOP100
- ★ 新京报 2015 年度 100 本好书
- ★ 人民日报推荐 2015 年度 50 本好书
- ★ 华商读书社 2015 年度书单 / 童书类
- ★ 中国教育新闻网 2015 年度“影响教师的 100 本书” / 综合类
- ★《都市时报》2015 年度全国十大好书评选·50 本提名书单
- ★ 2015 上海书展八月好书大推荐榜中榜 TOP100 书单

各界赞誉

最奇妙的问题 最高明的回答

国内

我一直认为，面对孩子的提问，最重要的并不是提供标准答案，而是以完全平等的态度与他们一起探讨思考问题的正确路径。本书做到了这一点，值得向孩子们推荐。

——作家、清华大学中文系教授 格非

如果大人们是真正积极与虚心的，那他们一定会发现：聆听孩子们的提问，不仅是工作和责任，同时也是享受，也是进修，是对自己思想的新开拓，甚至会引发新的思路。从这两本书中，我们已看到不少这样的大人，也希望出现更多这样认真对待孩子提问的大人。

——文学评论家、儿童文学理论家 刘绪源

我觉得这个书最有意思的地方在于让最“小”的小孩和最“大”的大师们直接面对面，给予他们权威而科学的回答，国内现在还没见到这样的书。我很喜欢。

——原国际儿童读物联盟（IBBY）中国分会主席、著名出版人 海飞

我喜欢这套书，是因为它将提“稀奇古怪问题”的权利完完全全、认认真真地赋予孩子，并由举世多位大师级人物加以护持这场“古怪问题之旅”。我始终相信，在年幼时与智慧灵魂的交谈，哪怕只言片语，也能深入骨髓。因此，我愿意为这套书和它的精神站台。

——作家 粲然

看看这些问题吧，多么有趣，多么生动，简直就是一把把的金钥匙——我相信，最早的那些动物学家、物理学家、天文学家、哲学家、音

乐家、社会学家们，也是通过这些钥匙，才打了人类文明的宝库。世界因为好奇和有趣而存在，孩子因为好奇和有趣而成长。

——童书出版妈妈 三川玲

回答小朋友无穷无尽的问题，对于父母来讲需要持续的耐心和开放的态度。我们发现给予答案除了需要科学之外，如果能做到启发想象力，激励孩子继续提问题那就更棒啦！借助这本书，你可以更从容，更开放。

——悠贝亲子图书馆创始人、著名阅读推广人 林丹

书中的每一个回答不仅是面向儿童的一次知识的传递，更像是一次科学的启蒙，一次思辩的训练和一次人性的关怀。

——国家图书馆少年儿童馆馆长 王志庚

不一定是大师，每个大人都有专长的领域，习以为常的知识，当孩子发问而你回答时，有一种奇妙的变化会发生，你不会像对一个大学生或同行那么说话，你得换个语气和方式，答案就不能只是经验和知识了，答案必须是可见的、鲜活的、让孩子看得见答案如何产生的，也就是从现象到经验的过程，这本书里的大人就是这样。

——绘本作家 熊亮

小时候我曾有过这样的想法，如果有机会拿自己的古怪问题去问问各个领域的专家，那该有多好！随着糊里糊涂地长大，这个想法似乎永远成了不可实现的梦。哪知道，四十岁的我竟然遇到了《孩子提问题 大师来回答》这套书，满足了我几十年的白日梦，读完全书我才有了真正长大的感觉！

——绘本作家、画家 姬炤华

提出问题甚至比回答问题更重要！相对于包括获得诺贝尔奖科学家的深入浅出的、通俗有趣的回答问题，我对孩子们包罗万象、五花八门、天马行空、百无禁忌地提出问题更感兴趣。我迫不及待地想知道孩子们都提了些什么问题，顺便怀着一颗孩子的心（包括一点点幸灾乐祸的心理），想知道那些科学大咖们有没有被难住。引进版“十万个为什么”，好书！

值得推荐。

——儿童文学作家 萧袤

这本书充满了古灵精怪的有趣知识；不过比知识更重要的是方法，大师们不但给出了问题的答案，还给出了解决问题的方法；但真正最重要的是好奇心，是对世界不断发问的能力。每个孩子都具有向世界提问的才能，但并不是每个孩子长大之后仍然拥有这种才能，这是一本能够帮助孩子保护才能的书。

——童话作家、浙江师范大学副教授 常立

这个世界由两部分组成：奇妙的问题和高明的回答。所以，这是一部揭示世界真相的书。其实，还可以换一种角度看这个世界：如果让大师提问，孩子回答，会怎样呢？这样的世界会不会更有趣，更有想象力呢？

——诗人、童话作家 陈诗哥

科学，人文，白日梦；有趣，有料，有境界；十岁的孩子遇到她，爱不释手；二十岁的青年捧起她，目不转睛。这是一套神奇的书，问答之间，让童心停驻，将世界打开。

——中学语文教师，《不拘一格教语文》作者 史金霞

这些脑洞大开，匪夷所思的问题，在孩子们，乃是必然。因为他们的脑袋瓜里，充满了对这个新鲜的世界的好奇，从不厌倦，从不妥协。他们通过提问，来完成对世界的认知，从而建构自己的意义世界。他们的好奇是多么动人，就像，每天都是他们来到世界的第一天。现在，像这本书，由大师们，煞有其事地，认认真真地回答这些脑洞大开的问题，这是一件多么好玩，又多么有意义的事啊。

——中学教师，《但得爱书人似我》作者 蔡朝阳

孩子吃饭时，总要求我念这本书。“听着，有个 7 岁的小孩问这样一个问题……”我总是这样开头，他便兴趣盎然，甚至忘记了吃饭。他喜欢听为什么眼睛里会喷出牛奶，也喜欢听屁可以燃烧，我说要是一个人放屁的时候，我们划根火柴，那……他马上兴奋地抢着说，成火箭飞出去啦。

我说你想试试吗？他无限向往然而又坚决地说：“不！”

——中国社科院文学所研究员、《话题》主编 萨支山

毫无疑问，这是一本奇妙有趣的书，和以往所看到的儿童读物都迥然不同，或者说，这是一本需要和孩子们一起阅读的书，在阅读的过程中，孩子的世界和成年人的世界水乳交融，共同展现出这个世界最有趣的一面。

——作家、编剧 熊原

《孩子提问题 大师来回答》邀请世界各领域的权威人士回答孩子所提出的千奇百怪的问题，是儿童教育不可多得的一本好书，是家长的良师益友，是孩子的启蒙老师；该书可以保护孩子的好奇心，满足求知欲，激发想象力，可以作为父母和孩子共同的必读书！在知识爆炸和移动互联的时代，我们更需要这种明确、权威、易读、易查的传统纸质书籍，相信这套书会受到广大家长朋友和孩子的欢迎。

——博士、北京大学对外汉语教育学院副教授 汲传波

读罢《孩子提问题 大师来回答》，与回答问题的大师一样，又经历了一次奇异的童年旅行，并且进一步弄清了一直不太明白的问题和现象，犹如九天揽月、雪峰观星那般清晰逼近。孩子的大问题与大师的妙回答，生成了一道亮丽的智力对弈风景线。

——华南师范大学教授 于奇智

我常常难以招架孩子的各种问题，这套书可以说帮了大忙，细细读来，你会发现，作者其实在告诉我们如何保有好奇心。

——著名主持人、互联网最大故事社群“凯叔讲故事”创始人 王凯

耐心解答是成人世界的美德。《孩子提问题 大师来回答》的编者精选一百多个孩子有趣的问题，然后邀请世界各领域大咖予以解答，奇妙的问题遇到高明的解答，这是儿童世界和成人世界美好的交流。

——《新京报》

如何修炼提问的艺术？沃伦·伯格的建议是，从释放内心的四岁孩子

开始。所以，我觉得无论有孩子的，没孩子的，都应该读一读这本书。这些孩子只是提出了第一个问题，至于下面更多的问题，或许可以成为我们成年人的思维游戏。

——《三联生活周刊》

对这些五花八门、千奇百怪的问题们，各领域的大师们都作了认真的解答。他们的回答简明、幽默、严谨，有的颇具启发性，有的具有无边的想象力，有些回答甚至会让你进入新的迷惑，但无论怎样作答，都具有相当的广度或深度。

——《羊城晚报》

问题是智慧之花，回答是智慧之果。《孩子提问题 大师来回答》与《孩子提问题 大师来回答 2》这两本书中的“花”与“果”都异常地新鲜亮丽。

——《中华读书报》

这不是一本逗乐的书，也不仅仅是一本儿童书，更是一种沉默的呼唤，提请我们成年人，收拾起自己知识的倨傲，去重新认识孩子，认识童年，从而，重新认识教育，也认识成年人的自我。

——《京华时报》

国外

一群可爱的人为一家可爱的慈善机构做的一件可爱的事。

——米兰达·哈特（英国著名喜剧演员、作家）

给爱问“为什么”的孩子最好的礼物。

——丹·斯诺（英国历史学家）

《孩子提问题 大师来回答 2》满足了我们深入理解事物的愿望，而不是让我们仅仅停留在简单接受事实上。

——马库斯·索特伊（数学家）

像皮克斯动画工作室的最好作品一样，这本书成功地娱乐了各个年龄段的人。它包罗万象，不仅为孩子们提供了丰富的资源，还如亚力山大·阿姆斯特朗在本书推荐序里所写的，它“还像一只又结实又可靠的塞子，正好堵上我们巨大的知识漏洞”。适合任何年龄段。

——《每日电报讯》

全家人都会被吸引。

——《星期日时尚杂志》

一个对提出问题和思索答案的无上鼓舞。

——《卫报》

本书会让你停下来重新思考你以为自己知道的知识，至少重新燃起你孩童般的好奇心和对我们生活着的世界的敬畏。

——Brainpickings.org 网站

本书编者哈里斯集结了一批专家——有些大名鼎鼎，有些不太为人所知，但他们都是各自领域的精英——他们为那些小学生提出的让家长和老师们头疼的问题提供了简洁、准确的答案。非常棒的一本书！

——《金融时报》

读完《孩子提问题 大师来回答 2》，我更意识到了自己的无知。很多人不知道的事物可以集合成一本书。这本书正是这样的书。

——《电讯报》

充满娱乐性和启发性的一本书。

——《女性》杂志

《孩子提问题 大师来回答 2》是有意思的知识宝库，能激发孩子们的好奇心。它是送给亲人们的最好礼物——因为有时候成长也需要这些答案的帮助。

—— goodreads 网站

对真和美的追求可以让我们一生都生活在儿童的世界里。

——阿尔伯特·爱因斯坦

For Flo Po and Eliza

献给弗洛·波和伊丽莎

目录

很多时候，我们只能从已知的一点点线索去推测真相——却往往会错得很离谱。

为了完成自己的使命而活便是生命的意义所在。

在你读到现在这句结尾时，就会产生新的记忆，那意味着你的大脑已发生了实实在在的改变。

你可知道一只叫“奈费尔提蒂”的蜘蛛？她一共在外太空飞行了6700万公里。

胎儿真的是身不由己,是男是女完全随机!

大体说来我们应该一直善待卑鄙的人，可是做到这一点又相当困难……

拿这些题轮流测试一下你的朋友和家人！

衷心的致谢

从小行星到斑马，从放屁到足球，再到人类的生存环境……本书解决的是孩子们包罗万象、有些还特别“刁钻”的难题。所以，我要对所有卓越的、充满爱心的专家们致以诚挚的感谢，感谢你们花时间支持这个项目，支持 NSPCC（防止虐待儿童国家协会）的工作。

许多为本书提供无私帮助的专家也同样为本书的前作——《孩子提问题 大师来回答》奉献颇多，我们对此格外感激，并特别要感谢：吉姆·阿尔卡里里（Jim Al-Khalili），大卫·阿滕博格爵士（Sir David Attenborough），赫斯顿·布鲁门撒尔（Heston Blumenthal），德润·布朗（Derren Brown），诺姆·乔姆斯基（Noam Chomsky），马库斯·乔恩（Marcus Chown），希瑟·库珀（Heather Couper），大卫·克里斯特尔（David Crystal），马库斯·索特伊（Marcus du Sautoy），阿利斯·富勒（Alys Fowler），乔伊·盖林·伦登伯格（Joy Gaylinn Reidenberg），A. C. 格雷灵（A. C. Grayling），约翰·格里宾（John Gribbin），贝尔·格里尔斯（Bear Grylls），西丽亚·哈登（Celia Haddon），克劳迪娅·哈蒙德（Claudia Hammond），米兰达·哈特（Miranda Hart），亚当·哈特－戴维斯（Adam Hart-Davis），贝塔尼·休斯（Bettany Hughes），凯特·亨布尔（Kate Humble），卡伦·詹姆斯（Karen James），安娜贝尔·卡

梅尔（Annabel Karmel），史蒂夫·伦纳德（Steve Leonard），加里·马库斯（Gary Marcus），乔治·麦加文（George McGavin），内尔·奥利弗（Neil Oliver），贾斯汀·波拉德（Justin Pollard），克里斯托弗·赖利（Christopher Riley），玛丽·罗奇（Mary Roach），爱丽丝·罗伯茨（Alice Roberts），西蒙·辛格（Simon Singh），丹·斯诺（Dan Snow），加布里埃尔·沃尔克（Gabrielle Walker）和王严（Yan Wong）。

还要感谢那些提出问题的孩子们，并对参与的学校致以特别的感谢：爱丁堡的科斯托芬尼小学（Corstorphine Primary），波多贝罗高中（Portobello High），詹姆斯·吉莱斯皮的高中（James Gillespie's），和玛丽·厄金斯及斯图尔特的梅尔维勒小学（Mary Erskine and Stewart's Melville Junior School）；什罗普郡的克劳伯里·莫蒂默小学（Cleobury Mortimer Primary School）；德文郡的兰德斯考夫小学（Landscove Primary）；莱斯特郡的农庄林地小学（Woodland Grange Primary）；图庭（Tooting）的弗兹道恩小学（Furzedown Primary）；齐平·索德伯里（Chipping Sodbury）的瑞斯菲尔德幼儿园（Raysfield Infants' School）；哈斯勒密尔（Haslemere）的绍特米尔小学（Shottermill Junior）；吉尔福德（Guildford）的伯克斯格罗夫小学（Boxgrove Primary School）；纽汉（Newham）的庄园小学（Grange Primary）；莫尔文·圣詹姆斯预科学校（Malvern St James Prep）；托特纳姆（Tottenham）的马尔伯里小学（The Mulberry Primary School）；诺丁山预科学校（Notting Hill Prep）；里士满（Richmond）的卢瑟小学（Lowther Primary）；和莱顿斯通的乔治·汤姆林森小学（George Tomlinson Primary）。

也要感谢我的代理，他们对本书的出版功不可没。他们是：乔·万德（Jo Wander），苏菲·金斯顿－史密斯（Sophie Kingston-Smith），西丽亚·海莉（Celia Hayley），维里蒂·奥布莱恩（Verity o'Brien），约翰尼·盖勒（Jonny Geller），斯蒂芬·维什尼克（Stephen Vishnick），卡罗琳·道内（Caroline Dawnay），乔·萨斯比（Jo Sarsby），安东尼·阿诺弗（Anthony Arnove）和朱丽叶·门拉特（Juliette Meinrath）。衷心感谢杰米·拜恩（Jamie Byng）以及巴隆·拜恩（Balon Byng）夫妇。还有：索菲·埃尔文·哈里斯（Sophie Elwin Harris）与露辛达·米德尔顿（Lucinda Middleton），她们帮助处理了棘手的科学问题。

还要感谢戈登·怀斯（Gordon Wise），本书和前作都从他的建议和创意中受益良多。还有我的编辑汉娜·格里菲斯（Hannah Griffiths），她充沛的精力和丰富的想象一如既往。也要感谢出版社里其他才华横溢的人们，他们是：唐娜·佩恩（Donna Payne），安娜·泡莱（Anna Pallai），约翰·格林诺德（John Grindrod），马特·哈斯卢姆（Matt Haslum）和凯特·沃德（Kate Ward）。埃莉诺·里斯（Eleanor Rees）对本书进行了仔细的修订，安迪·史密斯（Andy Smith）设计了抢眼的封面；斯蒂芬妮·波拉德（Stephanie Pollard）不仅负责视觉效果，还和贾斯汀·波拉德（Justin Polland）一道贡献了测验题的答案。

更重要的，我要为NSPCC的员工喝彩，你们充满激情的努力保护了弱小的儿童。查理·米汉（Charly Meehan），我将怀念同你一道工作的日子！也要感谢：海伦·卡朋特（Helen Carpenter），露丝·赛奇（Lucie Sitch）和你们的团队；莎拉·戴德（Sarah Dade），丹·布雷特－施耐德（Dan Brett-Schneider）和募捐联络团队；朱利安·贝农（Julian Beynon）和卡罗尔·赛尔（Carol Thay）。“大问题”项目在本书付印之时已募集了超过 10 万英镑，我们都希望未来会募集到更多。

杰玛·埃尔文·哈里斯

Gemma Elwin Harris

2013 年

推荐序一

孩子喜欢提问题，这是他们的 nature（天性），因为他们来自于并亲近于 nature（自然）。

包括人类在内，很多高等动物，譬如兽类、鸟类，都有学习的行为，这些行为不是先天获得性的遗传，不是它们的本能；而是通过跟随它（他）们的父或母，或者在社会群体中习得的后天本领。

小动物们喜不喜欢提问？其实，它们一定会提问的，只不过我们无法理解或很难观察到它们提问的方式。幼年黑猩猩会模仿母亲或祖母，拿起一块石头敲击坚果。它希望像妈妈那样吃到硬壳内的果实，它就一定会“问”、会“想”，如何像妈妈一样把食物吃到嘴里呢？妈妈的答案，是示范性的，就是要做给儿女们看，我来操作，你来跟我学。问题得到解答，小黑猩猩经过长期的模仿、体会，以及经验的积累，学会了什么果实可以吃，多大的石头可以敲开坚果，等等。当黑猩猩长大后，它们又会将这些技能传授给它们的后代。

研究黑猩猩或其他灵长类，能够看到我们人类自己儿时的影子。人类和黑猩猩、大猩猩等近亲几乎没有什么两样。

人类的进步缘于知识和经验的积累，将知识和经验传递给子孙后代，是先辈的责任和义务。唯有如此，文明、文化才可以得到延续——同样，动物也有文化的存在，这些是相通的，是一脉相承的。

孩子提问题，大师来回答，这本身就是一种文化的继承，是高等动物共有的自然属性。

在常年的科普讲座过程中，我最热衷的环节便是孩子们向我发问。自然万物，琳琅满目，眼前的一切对于懵懂少年，总是新鲜无比。他们常常提出各种各样精灵古怪的问题，甚至是非科学的问题，诸如“猴子还会变成人吗？”“蜘蛛能说话吗？”“为什么斑马会长条纹？”“章鱼放屁吗？”……呀！当我看到这本书的时候，我简直惊呆了，很多有关动物的问题，竟然也是众多孩子曾经问过我的问题。

孩子们的问题无拘无束，他们的脑子就像白纸，虽然其上有了点滴的零星色彩，但还需要大胆地勾勒，也许未来这张画纸中规中矩，但也许它却独具匠心、慧解别具，成了一幅名画、一个流派、一段流芳千古的典故。我曾经尝试性地去回答孩子们各种稀奇古怪的问题，我发现，自己要掌握更广泛、更交叉的知识才能勉强应对，这其实是在敦促我去学习。珍惜孩子的每一个“为什么”，对成人来讲，是一次崭新的启迪，一种精神的再旅行，而且是又一回的成长。

难能可贵的是，来自全英国各地的小朋友提出了五花八门的问题，并由各界的精英来回答。这里有我熟悉的博物学家大卫·阿滕博格，还有量子物理学家、全科医生、哲学家、探险家、历史学家、作家、画家，甚至还有著名节目主持人、演员、魔术师等等。他们用浅显、生动、有趣的文字解答了孩子们关心的不同领域的问题。即使成人读起来，也饶有趣味，获益匪浅。

有一百个问题，未必有一百个答案。不同领域的人回答，也会有不同的答案。然而答案，在某种程度上并不重要，提出来的问题，在我眼里或许更有意义。我愿意看到更多的孩子，提出他们更多的问题，展开想象的翅膀，像鸟儿自由地飞翔；我也希望我们中国的小读者们能够读到这本书，也希望看到我们中国的孩子们提出他们自己的问题。

庄子说："吾生也有涯，而知也无涯。"我们何不珍惜自己的生命，多学习多感受那些更让你快乐的知识呢？谁又能说不是孩子们在教会我们更多的知识呢？

是为序。

动物学博士 科普作家　张劲硕

2015 年 3 月于国家动物博物馆

推荐序二

在解答我自己孩子的问题时，我常常带着调侃的语调，甚至是搪塞了事。对此，我常常心怀愧疚。平心而论，这样做有时也是出于无奈。天下的父母想必已对孩子无休止的“为什么”习以为常，小家伙们总在没完没了地探究我们知识和耐心的极限。但很多时候，孩子们的问题其实颇有见地，理应审慎作答，而不是用半吊子的航空学、职业摔跤或炼金术的知识加以敷衍。如此考虑，这本书的价值就大大地显示出来。这本精彩纷呈的图书，不仅可以应付孩子们层出不穷的提问，而且还像一只又结实又可靠的塞子，正好堵上我们巨大的知识漏洞。

亚历山大·阿姆斯特朗

Alexander Armstrong

2013 年

1. 猴子还会变成人吗？

提问者：艾瓦，6岁

回答者：大卫·阿滕博格爵士 博物学家

猴子很善于在树上生活。它们的手、脚适合攀爬，能摘树上的叶子和果子吃。在这一点上，其他的动物，包括人在内，全都比不了猴子。因此，它们并不急着改变生活方式。

当然，世事难料。森林也许会逐渐萎缩，那样的话，猴子生存的空间就会大为缩小；再或者，某种美味食物出现在了森林边缘的草原上。总之，一些猴子会觉得离开森林到草原上生活值得冒险一试。一旦离开了森林，在千百万年中，猴子们会经历缓慢的演变。它们无须在树枝间爬上爬下，而是要在平地上跑来跑去。

于是，它们的脚变平了，腿更长了，身子站直了。其实，很久很久以前，这一幕曾在一些猩猩身上发生过：经过了几百万年，它们的身体变得越来越像我们人类。这些猩猩就是我们人类的祖先。

不过，只要森林还容得下它们，并且还有足够的食物，猴子们还将继续做猴子。

大卫·阿滕博格（David Attenborough）是英国最知名的自然历史影片制作人和环保主义者。在长达50年的博物学家和主持人生涯中，他的足迹几乎遍及世界的每个角落。

2. 宇宙有边儿吗？

提问者：约什，10岁

回答者：布莱恩·考克斯教授 量子物理学家

真是个好问题。我的回答是：人类还不知道宇宙到底有多大！我们能看到的只是宇宙的一小部分。这一部分是从大爆炸发生以来，在 138 亿年里，光走过那里并且到达我们这儿的那一部分。比这再远的距离我们就看不到了，因为从那里来的光还没走到我们这儿呢。

不过，我们能看到的宇宙已经非常大了，里面装着大约 3500 亿个银河系般的大星系，每个星系里又装着不下 1 万亿颗太阳般的恒星。这部分被称为可视宇宙，其直径大约 900 亿光年。宇宙一定远大于此，它甚至可能是无限大的。这真是不可思议！

布莱恩·考克斯教授(Professor Brian Cox)是一名量子物理学家、科普工作者、前摇滚歌星。他努力使物理学变得更有趣味。如果你对太空和自然感兴趣，也许会在《星空直播》(*Stargazing Live*)与《生命的奇迹》(*Wonders of Life*) 中看到过他的演出。除了做电视节目和写书之外，他在曼彻斯特大学教书，还常去瑞士，在欧洲核子研究组织的大型强子对撞机上做实验。

3. 人在旋转时为什么会眩晕？

提问者：朱梅纳，7岁

回答者：埃利·坎农 全科医生、医学节目主持人

你也许还不知道，人的平衡与稳定系统其实是由耳朵来掌管的。耳朵不光可以听东西，而且还能保持平衡。真是巧妙呀！

在你的耳朵里面，刚好紧挨着大脑，有三个拱形的纤细管子，里面盛满了液体。

管子里排列着更细小的纤毛，全都浮荡在这些液体中，有点像海底的植物。那些纤毛不断地向大脑发送信号："今儿我们一直动个不停"，或是"今儿我们没怎么动"。

要是你静止不动，耳朵内的液体就像平静的池塘一般安静，这时纤毛会通知大脑：你正稳稳地站着或者静静地坐着。一旦你开始旋转，液体便如同怒海一般翻腾起来，纤毛也随之狂舞并告诉大脑：你正在飞快地转动。问题是，即使你停下来不转了，液体还得晃荡上一阵子。

液体不肯马上安静下来，纤毛就会不停地告诉大脑你还在运动。虽然你的身体已经不动了，但大脑却认定它还在动。正是这种大脑认知与身体行为之间的差距，使你感到眩晕。

我小的时候可爱玩这种游戏啦，不过，每回都会撞在妈妈的咖啡桌上。

埃利·坎农（Ellie Cannon）是一名全科医生，也是医学电视节目主持人，还是《星期日邮报》的专栏作家。她曾在卫生间的地板上接生过一个婴儿，因为当时情况紧急，实在没有时间送孕妇去医院。

4. 是谁想出的主意设立国王和女王？

提问者：佛罗伦斯，10岁

回答者：杰里米·帕克斯曼 记者、作家、主持人

有个人类学家曾试图找出到底是谁想出了设立国王和女王的主意，但他最后放弃了研究。因为他发现，早在可查的记录出现之前，就已经有国王和女王了。

很明显，这一制度开始于某个特别强横或格外贪婪的人，他夺取了权力并决定将权力传给自己的子孙。当然，这样的制度如今看来并不理想，但它还在起作用。现今的（英国）女王并没有什么权力，她唯一的工作是让人们感到更加幸福。这事儿有个人去做也挺不错的，而且，何必让某些政客来志满意得地宣称代表全国人民呢？

杰里米·帕克斯曼（Jeremy Paxman）是《晚间新闻》（*Newsnight*）与《大学挑战赛》（*University Challenge*）等节目的主持人，一向以犀利的提问著称，他还做过许多非常优秀的历史纪录片。业余时间，他喜欢钓鱼。

5. 疾走龙和猎豹哪个跑得更快?

提问者：卢卡斯，5岁

回答者：保罗·杰拉蒂　作家、插图画家、恐龙专家

如果疾走龙（Velociraptor ）活到今天，它和猎豹的速度比赛也会毫无悬念，猎豹将轻松获胜。

四条如上了弹簧般的腿，外加修长、柔韧的身躯，猎豹跑起来可以连蹿带跳，时速可达115公里。

疾走龙的体型要小很多，不超过一米高，只能“嘚嘚嘚嘚”地用两条腿跑，活像一只缩小版的鸵鸟，速度可能只有猎豹的一半。

不过你也别失望，这个速度仍然要比人类的短跑记录快很多。

有些恐龙被认为可能比疾走龙跑得更快，比如长得像鸵鸟的似鸟龙（Ornithomimids ）、似鸡龙（Gallimumus ）、似鸵鸟龙（Struthiomimus）、似鸸鹋龙（Dromiceiomimus ）以及棱齿龙（Hypsilophodon ）。不过，猎豹对付它们也不在话下。

保罗·杰拉蒂（Paul Geraphty ）是《险象环生》（*Dinosaur in Danger*）一书的文字与插图作者，他还创作过其他许多图书。他在南非长大，如今在世界各处旅行以寻找创造灵感，沿途近距离接触了许多动物。他还在许多学校进行过精彩的讲座。

6. 怎么确定我不是活在梦里?

提问者：埃斯德，5岁

回答者：德润·布朗 魔术师

人们经常做梦，梦显得那样真实，令人不禁疑心我们是不是一直都活在梦里。就像你现在似乎完全清醒着，但又怎么知道这清醒不是在梦中呢？两者到底有什么不同？没准你过会儿就会醒了，发觉自己并没在读这本书，因为这本书根本不存在！

还好，至少你会觉得自己是真实存在的。因为，即使你此时正在做梦，在某个地方总还得有一个你来梦到你自己吧。趁着你还没晕头转向，我还有更重要的想法告诉你。只有能被看到、听到或感觉到的东西，才能真正被人们了解，而这些东西只占周围事物中的很小一部分。（比如，你看不到隔壁屋子发生了什么事情，也看不见别人的脑子里在想什么。）我们只能去猜，从已知的一点点线索去推测真相——却往往会错得很离谱。

所以，下一次你与人发生争执，或认定别人的想法很愚蠢时，要记住：你的看法不过是一家之言，别人也会同样坚信自己的想法！因此，即使你很可能并没有在做梦，不过有一点还是值得记住：你仅仅了解真相的一小部分。

德润·布朗（Derren Brown）是一个表演大师，他能将魔术与心理学结合起来，看似可以参透人的心思、控制人的行为，从而取得令人匪夷所思的魔幻效果。除了表演魔术，他还写书、画肖像画。他还对鹦鹉有特别的喜爱。

7. 哪种乐器最早出现？

提问者：凯特林，9岁

回答者：托尼·罗宾逊 演员、作家、节目主持人

既然你问到了这么个问题，不回答就有点不太礼貌，对吧？不过，有时遇到像这个问题一样的难题，最明智的办法是反问一个问题，比如“到底什么能算是乐器？”又比如“考古学家怎么知道他找到的东西是一件乐器？”

人们拍手时，手算不算乐器呢？如果算，那么人们所见到的最古老乐器，便是某具古人遗骸的手。同样，石头是乐器吗？你拿一块石头来敲，会发出些声响；再找一块小一点儿的来敲，动静又不太一样。把三块石头弄到一起，你就有了架“木琴”。你恐怕不会把它们放到盒子里，带着去上音乐课吧？多半的情形是，你玩完后就会把它们随手扔掉。这些只能算是临时乐器。

假如我们所指的乐器，是一种特制的、用来演奏音乐的东西，那么最早的乐器是 45000 年前一些带孔的中空骨头，看起来很像原始的笛子。但也没准儿它们并不是笛子，骨头上的钻孔完全另有目的。没准儿它们是工具、首饰或是小孩的玩具。

可以确定的是，大约 35000 年前，人们开始敲鼓，开始在木琴上敲击出不同的音调，秃鹰翅膀上的骨头和猛犸象的象牙开始被制成中空的笛子和风笛。那时的日子一定特别闹腾。

托尼·罗宾逊（Tony Robinson）是一位主持人、演员和作家，认识他的人都觉得他特别有趣。他以电视系列剧《时间队伍》（*Time Team*）与《黑爵士》（*Blackadder*）中扮演鲍德里克（Baldrick）而名声大噪，又以系列童书《怪异世界之旅》（*Weird World of Wonders*）赢得了小读者的青睐。

8. 新技术一定有益吗?

提问者：昂纳，11岁

回答者：诺姆·乔姆斯基　语言学家、哲学家

技术通常是相当中性的，它就像一把锤子，既可用来建造房屋，也能拿来毁坏家园。锤子无所谓干什么，技术是好是坏几乎总是取决于人们的决定。

诺姆·乔姆斯基（Noam Chomsky）无须多做介绍，这位大名鼎鼎的麻省理工学院教授是当今最著名的语言学家和哲学家。

9. 为什么猕猴桃长满了毛？

提问者：艾维，5岁

回答者：阿里斯·富勒尔 园艺作家、主持人

想知道为什么猕猴桃长得毛茸茸的，你得想象自己变成了一个非常、非常小的昆虫，比如一只针尖儿大小的蚜虫。如果你变得那么小，你眼里的世界会变得和现在完全不一样。

接着想象，你现在特别渴，最好能搞些果汁，来点儿新鲜、多汁的东西嘬上几口。你突然发现了一根巨大的藤蔓，上面长满了可爱的小猕猴桃。“那可是超级棒的果汁原料啊！”你盘算着。于是你落在一个猕猴桃上。这时你才发现，它的表面覆盖着浓密的细毛森林。你用尽手段却根本无法穿过森林到达果实，腿还被扎得生疼。不得已，你只好悻悻离去。

猕猴桃表皮上的绒毛是为了保护里面的果肉，它果肉里的那些小黑仔儿便是种子，是需要重点保护的。种子需要待在多汁的果肉里直到发育成熟，如果果肉被昆虫偷吃了，种子便没法正常发育了。

猕猴桃的外皮其实是可以吃的，不过尽管营养很丰富，但多数人却不喜欢那种有些扎嘴的口感。不是所有猕猴桃都毛茸茸的，有些种类的猕猴桃特别小，也就草莓般大小，它们的表皮没什么毛。

阿里斯·富勒尔（Alys Fowler）热爱养花种草，她是学园艺学的，经常参加园艺表演，并写作有关园艺的书籍和专栏。

10. 我能成为足球运动员吗？

提问者：阿赞，7岁

回答者：李·迪克逊　前阿森纳及英格兰代表队成员，
现在是电视足球评论员

我小时候住在曼彻斯特，七八岁时整天都在踢球，在学校里踢，在公园里踢，也在街头踢。那时的街道很清静，我妈妈还能看着我，所以挺安全的。遇到下雨，我们甚至还在屋里踢，不过踢的是气球，而不是真球。

我打小就想当个球员，我爸爸就是 1950 年代曼城队的球员，那是我钟爱的球队。也是在我小的时候，当时正赶上史上最好的电影《威利与巧克力工厂》（*Willy Wonka and the Chocolate Factory*）放映，每次去看，我都会对藏在巧克力棒里的“金门票”着迷。我梦想自己也能得到那样一张“金门票”，但不是去威利的巧克力工厂，而是能进曼城队去踢球。那该多好啊！

这自然当不得真，因为世上本来就没有什么“金门票”。不过，我用这样的梦想来激励自己，非常、非常努力地踢球。终于，我幸运地得到了一个机会，在 1983 年 6 月与伯恩利队（Burnley FC）签订了一份职业合同。

贯穿我的足球生涯，每当遇到挫折时，我都会想起自己的梦想。我知道，只要刻苦、专注地工作，总有机会赢得机会，就如同得到一张“金门票”。这一招对我还挺灵。

李·迪克逊（Lee Dixon）在球场上司职右后卫，曾效力于阿森纳、伯恩利、布里、切斯特城、斯托克城等队，还入选过英格兰国家队。在阿森纳队期间，他随队获得了四次联赛冠军、三次足总杯冠军和一次欧洲联盟杯冠军。退役后，他在英国独立电视台做足球评论员，并积极为慈善组织筹集善款。

11. 有什么东西能在黑洞里幸存吗?

提问者:安东尼,8岁;劳伦,10岁

回答者:马库斯·乔恩 天文书籍作家

要是待在宇宙飞船里,你没准能在黑洞里幸存下来,但前提是那个黑洞特别大,并且你只停留片刻。

黑洞是宇宙里一些引力特别强大的区域,任何东西,甚至光都无法逃离,所以那里一片漆黑。你要是靠近一个小黑洞(它的质量仅仅比太阳大几倍),它的引力就会把你抻成一根面条,再撕碎。可出人意料的是,大个的黑洞却比较温柔。比如你靠近一个超巨型黑洞(里面能装下好多个银河那样的星系,比太阳大数十亿倍),你反而能安然地钻到黑洞里面去。

黑洞里极端危险,因为周围有许多陨石和杂物同你一道下落。黑洞的中心叫"奇点"(Singularity)①,活像一只潜伏的硕大无朋的蜘蛛怪,所有的东西都被拽向那里,即使你飞船的引擎超乎想象地给力,也逃脱不了。

奇点会摧毁任何东西,不过逃生的希望还是有那么一丝。要是黑洞老了,奇点就没那么可怕了。于是,一些科学家认为,这时穿

---

① 根据黑洞理论,黑洞中心存在一个密度与质量无限大的奇点,它被认为是时空隧道的入口,假如能忍受加速度造成的压力,据说可以从那里出去。

过黑洞时没准有机会活着出来。奇点可能变成一条通道，通往宇宙的另一个区域，那时你或许就能进到一个全新的宇宙里啦！

马库斯·乔恩（Marcus Chown）写过许多有关黑洞、宇宙大爆炸等方面的成人读物，也写了一些特别“幼稚”的童书，比如《小女孩与金牛座三头怪》（*Felicity Frobisher and the Three-Headed Aldebaran Dust Devil*）。

12. 人活着为了什么？

提问者：拉兹洛，5岁

回答者：格雷灵 哲学家

牛被养是为了取奶和食肉，羊被养是为了剪羊毛。在这个意义上讲，人活着不为任何事情。但是，人类当然有自己的使命和目标。为了完成自己的使命而活便是生命的意义所在。我们绝不应该为了一己之私而利用他人，相反，我们应该与人为善，并对他人的善行义举心怀敬意。

格雷灵（A. C. Crayling）是伦敦新人文学院校长（New College of the Humanities in London），他写作与编写了 20 多本哲学和其他题材的书籍。为了抗议滥用体罚，格雷灵 14 岁时曾逃离学校，他很高兴如今的学校不再使用体罚了。

13. 尿为什么不能喝？

提问者：伊莎贝尔，4岁；利厄，12岁

回答者：贝尔·格里尔斯 探险家、野外生存专家

通常，要是你建议好多普通人喝自己的尿，他们一定会把你当成疯子。但事事都有例外，假使你在沙漠中喝光了水而自己尚未脱水，喝自己的尿无疑可以救命。只是别指望味道可口！

有个关键之处要留意：要是你的尿呈深棕色，则说明你已经严重脱水，喝那样的尿便没有用处了，此时的尿里几乎全是体内排泄的废物。只有尿液清亮透明，喝下去会有助于补充水分。

许多故事都讲述过迷失沙漠中或孤悬大海上的人，靠喝自己的尿为生的情节。所以记住了：最终能活下来的人往往是那些不惧任何险境，敢于吞咽最令人作呕食物的人。假如祸事接踵而来，你一定要鼓足勇气去应对！

贝尔·格里尔斯（Bear Grylls）在电视片《荒野求生》（*Man vs Wild and Born Survivor*）中曾吞食蛆虫、躲在一头死鹿的躯体中熬过寒夜。他在童年时曾练过武术，后来加入了英国特种部队，23岁时攀上了珠穆朗玛峰。他是英国童子军总司令，曾领导了许多慈善探险活动，足迹遍布从南极到北极的许多蛮荒之地。

14. 既然可以大量印钞，为什么还会有经济衰退？

提问者：卡梅隆，11岁；梅厄，9岁

回答者：约翰·兰彻斯特 作家

某些时候，为了结束经济衰退政府会多印钱，这一招有时还挺管用！

其实，美国政府当下正在讨论一个主意，就是是否造一枚特殊的硬币，面值1万亿美元，以彻底了结所有的债务！（1万亿可是个特别大的数：1后面可是跟着12个0呀。）

可是，导致经济衰退的原因并不在于一个国家有多少钱，而在于人们是否肯花钱。当大家对将来的日子感到忧虑时，便不敢花钱，而是将钱存起来。如果同一时间大家都这样干，企业销售出去的产品就会大为减少，付给工人的工资也会相应减少。工人们只有更少的钱用于消费，如此一来，经济衰退就会发生。所以，多印钱并不能解决问题，它不能让人们对未来放心。

只有在人们重拾信心、开始多花钱的时候，经济衰退才会结束，一切才能重回正轨。

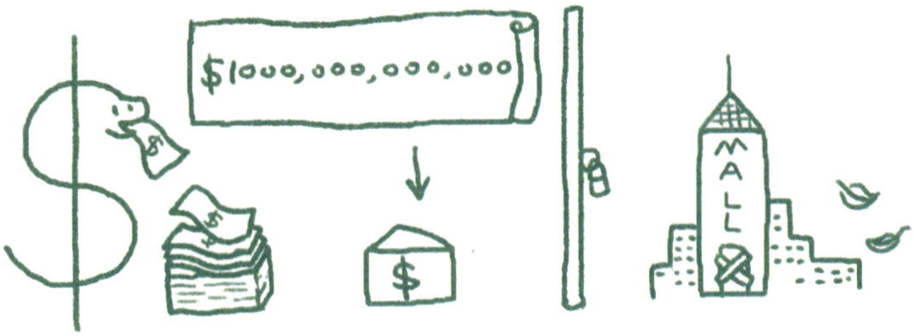

约翰·兰彻斯特（John Lanchester）是个作家，写作小说和其他作品。在他的新作《哇！——为什么人人欠债却没人还钱》(*Whoops!: Why Everyone Owes Everyone and No One Can Pay*)中他探索了全球经济危机的原因。作为《伦敦书评》(*London Review of Books*)的特约编辑，他现居于伦敦，但他出生在德国汉堡，童年在香港度过。

15. 为什么卫星导航仪里的女士认识路？

提问者：阿纳雅，6岁

回答者：肯·登米德 《极客老爸》作者、博主

卫星导航仪里的“女士”实际上只是一个会发声的特殊小电脑，它也能发出男人的声音，或者学小孩的声音，甚至能模仿黑衣武士！

卫星导航仪是个特别酷的机器，可以向地球轨道上的卫星发射无线信号，并接受从卫星返回的信号，从而知道此时此刻的方位。它里面保存着地图，标记着每栋建筑的地址，能够追踪每条路、每个路口、每座车站与机场等的位置。

一旦你问它如何到某地，它会先查一下地址，看看你此刻在哪里，然后找出去往目的地的每一条可能的线路，再算出走哪条路最为便捷。它甚至还能接收路况信息，在计算路线时考虑到交通状况。真是特别智能！

不过，在使用卫星导航时你仍需留意路上的标志和信号，有时候，道路施工或一些特别的活动会封锁一些街区或改变某些道路，卫星导航仪很可能并不知道这些情况。无论如何，这个小机器对人们找路帮助特别大。

肯·登米德（Ken Denmead）居住在旧金山，是一位专业编辑。他还打理一份名为《极客老爸》的育儿博客，与其他极客父母交流作为父母和极客的经验。

16. 你能用随便什么题材创作一首歌吗？

提问者：伊桑，10岁

回答者：保罗·麦卡特尼爵士 音乐家、歌手、歌曲作家

没错，什么都行！比如，写一首“跳舞的垃圾桶”怎么样？

保罗·麦卡特尼（Paul McCartney）曾待过的乐队你没准儿听说过……“甲壳虫乐队”！这个由几个男孩组成的乐队在1960年代大名鼎鼎，他们歌唱黄色潜水艇、海象、缀满钻石的天空等各种事物，时至今日他们的歌曲依旧广为传唱。如今保罗·麦卡特尼爵士是一个独唱歌手，并为慈善事业尽心竭力。

17. 蜘蛛能说话吗？

提问者：埃莉诺，7岁

回答者：乔治·麦加文博士 昆虫学家

蜘蛛不能像你我这样说话，但它们也能彼此进行交流。

有的蜘蛛能发出些其他蜘蛛能看明白的信号，比如跳蛛，在前额上有两个特别大的眼睛，这双眼睛可用来窥视猎物，也可用来谈情说爱。雄性的跳蛛要想成为雌跳蛛的配偶，就得发出正确的信号，比如跳一段“热舞”。每一种类的雄蛛都有自己独特的舞姿，雌蛛会看得非常仔细。如果雄蛛跳错了，或者舞姿无法打动雌蛛，她便会兴趣索然地离开。

还有很多蜘蛛靠感觉的方式进行沟通。它们的身体覆盖着许多触觉灵敏的毛发，可以感知来自蜘蛛丝或空气的震动，其他的动物，也包括别的蜘蛛一旦出现，它们就能察觉。

乔治·麦加文（George McGavin）一生都对野生动物特别是昆虫着迷，他是一个著名的昆虫学家和动物学家，长期在大学任教，著作等身。如今，他在BBC的科学与自然历史节目中频频现身。有好几种昆虫都以乔治的名字命名，他真心希望这些昆虫在他死前不要灭绝。

18. DNA是什么？

提问者：马克斯，9岁

回答者：萨姆·基恩 科普书作家

打个比方说，你想记住喜爱的菜谱（蛋奶水果松糕？饼干？香蕉太妃派？），你会怎么做？你要是机灵的话，就会将配方写下来，并放在某个可靠的地方。你的身体也是这么做的：一旦细胞需要记住如何制造某些重要的东西，就会将指令记在一种叫“脱氧核糖核酸”的物质也就是 DNA 上。

DNA 很像一种语言，比如英语。不过英语有 26 个字母，而 DNA 仅有 4 个，分别是 A，C，G 和 T。这些字母分别代表着四种化学物质的名称，按不同的顺序排列这些字母，便能拼写出“词”和“句子”，帮助细胞记住如何构建和运转身体。你从母亲那里得到一半的 DNA，从父亲那儿得到另一半，所以，你长得像他们。

科学家还会谈到，与 DNA 相伴的是“基因”。每个基因都是一长串的 DNA，如同一个段落。你身体中大约有 23000 个基因，每一个都像一份配方，可以构建一样东西，通常是一种蛋白质。那些蛋白质会组成肌肉、骨骼和各种器官，直接影响着你身上的一切，从头发的颜色，到是否喜欢蛋奶水果松糕。没准你偏爱西兰花？那也是由于你的 DNA 的缘故。

萨姆 · 基恩（Sam Kean）是美国作家，他写过两本非常畅销的书：《小提琴家的大拇指》（*The Violinist's Thumb*）和《消失的汤勺》（*Disappearing Spoon*）。前者讲的是隐藏在我们DNA中的历史，后者帮助大家轻松了解元素周期表。他热爱田径，不过他最希望的是领导一支自己所钟爱的球队。

19. 泡澡时手指为什么会变皱？

提问者：安古斯，11岁；乔，9岁

回答者：汤姆·斯马尔德斯博士 生物学家

在温暖的澡盆里泡上一会儿（大概15分钟以上吧），你手指和脚趾上的皮肤就会皱起来。刷上一阵盘子，也会有同样的效果。（可以试试看呀，你父母一定会高兴的！）那么，为什么会这样呢？

许多人推测是手指、脚趾上的皮肤由于吸水而胀了起来，但最新的研究表明，手指并没有因吸水而胀大，相反它们缩小了。手指皮肤起皱其实同葡萄干与果脯是同一个道理：皮肤下的组织收缩了，皮肤便显得太大而变得皱巴巴的了。

那么，什么使得手指组织收缩了呢？似乎是手指和脚趾里的血管收窄了。血管变窄意味着流进手指的血液就会减少，手指也因此变细、起褶儿。

接下来的问题则是：皮肤变皱有何益处呢？起什么作用？这个问题的答案目前并不十分清楚。可能血管收窄对它自身有某种好处，而皮肤变皱只是血管收缩的副产品而已。不过，最近有一个实验显示：起皱的皮肤更有利于人们抓牢湿滑的物体。

这提示我们在潮湿的条件下，起皱的手指也许有更好的抓握能力。当在潮湿的丛林里手脚并用地攀爬湿滑的树枝时，我们的灵长类祖先没准就因此而受益。

果真如此的话，其他的灵长类动物（猩猩和猴子们）手指和脚趾也应该在潮湿时打褶儿，但我们现在还不知道是不是这样。又一个科学的谜团在等待着人们去揭开……

汤姆·斯马尔德斯（Tom Smulders）幼年时住在比利时，打小就痴迷动物，10岁便立志做一个生物学家。他如今在纽卡斯尔大学讲授生物学和心理学，同时研究山雀和喜鹊是如何记住所藏匿的食物的。

20. 为什么有些人歌唱得比别人好？

提问者：安德烈，10岁

回答者：加雷斯·马隆 合唱团指挥、歌唱家

人生并不完全公平。有些人生来就长着雅致的鼻子；有些人生就一双好腿，能在百步开外起脚破门；还有人头颅和脖子的尺寸长得正合适，能让声音共鸣，使嗓音甜美。

但天生并不能决定一切，光凭生就一副好嗓子并不能使你成为伟大的歌唱家。你需要花多年时间去练习控制肌肉，还要花许多年去聆听和研究音乐。而且，即使是付出了艰苦的努力，想要成功你还需要大量的运气。

什么是优美的歌喉呢？这还要取决于谁来听。

即使你认为自己唱得并不好，在家人和朋友听来仍会觉得你歌声甜美。所以，没有理由不试试喔。

加雷斯·马隆（Gareth Malone）出演了电视连续剧《合唱团》（*The Choir*），该剧重新点燃了大众对古典音乐的兴趣，使得很多人开始参与合唱活动。为了奖励他对音乐的贡献，加雷斯被封为爵士。他与家人现居住于伦敦。

21. 猫与我们的基因相同吗？

提问者：海丽，10岁

回答者：萨姆·基恩 科普书作家

是的，猫的基因有许多和人类的完全一样，但并非全部相同。

那些相同的基因主要与基础生理功能相关，比如呼吸、睡眠、消化等等，这些基因其实在许多动物（尤其是哺乳动物）中都很相似。但涉及其他功能的基因就有所不同了。猫不能像人那样说话，也不能用两条腿走路，因而它没有控制这些特征的基因。总之，一个动物越像人，它与人也就有更多相似的基因。黑猩猩有超过96%的DNA与人相同。

由于人比其他动物更聪明，行为也更为复杂，这使得科学家曾以为人应该有更多的基因，比如有人推测人大约有10万个基因。但结果是这种看法并不正确，人类仅有大约23000个基因，甚至比一些品种的葡萄还少。

但这告诉科学家某些重要的东西。人类同猫、黑猩猩，甚至葡萄共有许多相同的基因，但人体使用这些基因的方式不同。这就好比一架钢琴，都有88个琴键，但你既可以用它弹非常简单的doh-re-mi，也可以演奏极为复杂的贝多芬。人类在用DNA“演奏”贝多芬，这使得我们与别的生物大有不同。

回答者简介见27页。

22. 在太空里大叫能被听到吗?

提问者：马特，10岁

回答者：本·米勒　喜剧演员、科普作家

你在喊什么?

开个玩笑。要很好地回答这个问题，先让我们来探讨一些有趣的科学知识。

首先，声音是什么？答案并不如想象的那么简单。声音实际上是一种振动波，当固体、液体或气体振动时，便会产生声音。

比方说你在听扩音器里播放的歌曲，喇叭里的纸盆会振动，在空气中形成振动波，这些波被你的耳朵捕捉到，并化为细微的电信号传输到大脑，大脑一下就读懂了，唱的是“来自江南 style 的美丽姑娘”。

声音在气体中(比如空气)传播得很好，在液体中(比如水中)传播得更好，而在固体中（比如桌面）甚至还要好。找个 iPod 什么的音响你便能自己测试一下，把 iPod 放在桌面上，耳朵贴近桌面听听看，很响，对吧?

当然，太空里没有可以传递声波的空气，更别提水或木头啦。于是，假使你不戴头盔在太空里喊叫，你的声带发不出任何振动波，也就不会喊出声音。你唯一能听到的，是声音在你自己的头脑中转悠时的动静，它非常轻，也听不清。我料想谁也不会真这样做的，在太空里摘下头盔可太冒险了。

如果你带着头盔嚷嚷，那么一切听起来就自然得多，因为有空气可以让声波传到你的耳朵里。

有些不可思议的是，凑巧和你同行的其他宇航员却什么也听不到，因为没有空气可以把你的喊声传给他们。

所以人们才说，在太空里你喊破嗓子也没人听得见。怪吓人的，是吧？

本·米勒（Ben Miller）是一个喜剧演员，是喜剧双簧《阿姆斯特朗和米勒》（*Armstrong and Miller*）的主演之一。他还是个货真价实的科学迷，写过一本特别棒的书《小事一桩》（*It's not a Rocket Science*）。

23. 有人放屁时为什么挺可笑的?

提问者：爱丽丝，9岁

回答者：米兰达·哈特 喜剧作家、演员

真是个既傻又妙的问题。你算是问对人了，像你一样，我也觉得放屁好笑至极。它本不应该这么可笑，不是吗？放屁是一种生理现象，人人都放，只是程度有差别而已。但多数人在听到放屁声时仍会笑出声来。(在我看来，那些无动于衷的人倒是有点儿奇怪。)

我觉得顽皮与尴尬两方面的原因都有。长久以来，人们就认为放屁是一件不该大张旗鼓的事情。所以听到放屁声，我们便知道一定是有人“犯错”了，就会忍俊不禁。当局面尴尬时往往格外好笑。

何种场合下放屁才真正难堪呢？是婚礼中步入礼堂时？也许是拜会女王时？你正在行礼，突然，“卟”……场合越重要，效果便越滑稽。最后还要提到，屁的声音既嘹亮又高低长短各异，似乎正和上喜剧的节奏，而且还是自下盘而来。你也许现在会问：有人放屁时怎能不好笑？

米兰达·哈特（Miranda Hart）是喜剧作家和演员，凭借出演情景喜剧《米兰达》(*Miranda*)，她成了英国最著名的喜剧演员之一。从记事起她就想当个喜剧演员，不过，她也从未放弃过另一个梦想：成为温布尔登网球赛的冠军。

24. 雷电击中海面时鱼为什么不会死?

提问者：加布里勒，12岁

回答者：吉姆·阿尔卡里里教授 科学家、节目制作人

这是因为，水能很好地导电，含盐分的海水更是如此。雷电击中海面后，巨量的电荷释放到海水里。关键是海太大了，电荷很快就会扩散开来，被稀释掉了。

这好像是往一杯水里滴一滴墨水，杯中的水很快就会变色。但如果同样一滴墨水滴进游泳池呢？墨水很快就散开了，根本看不出水的颜色有任何变化。同样的道理也适用雷电中的电荷：每一小块海域只有极少的一点电荷，鱼根本领略不到雷电全部的威力。

当然，在电荷还没来得及散开之前，离雷击点过近的鱼还是可能被电死的。

吉姆·阿尔卡里里（Jim Al-Khalili）是一位英国科学家、作家和广播主持人，他是萨里大学的物理教授，能帮助他人理解科学使他格外开心。

25. 我们为什么会有左边与右边?

提问者：佩吉，6岁

回答者：贾斯汀·波拉德 作家、历史学家

动物的体型有几种形式的对称。有些像海葵那样，呈放射状对称，相似的部件围绕着身体中心（通常是嘴所在的地方）排列；也有些像海绵似的，根本不对称。不过，多数动物都是两侧对称的（bilateral symmetry），就是说身体是由两部分组成的，每一半都是另一半的镜像。所以，我们有两只眼睛，两个鼻孔，两只胳膊等等。

我们对身体两侧的命名被称为主观空间感受（egocentric coordinates），因为所谓左右的方向是参照我们自己，而不像“南、北”那样参照外在的事物。无论我们朝向哪个方向，北永远是北。可是，当你面向北边时，你的右侧是东边；而你面向南边时，东边就跑到了你的左侧。

澳大利亚土著的依密舍人（Guugu Yimithirr）完全不用主观空间感受，所以他们那里不存在“左边”和“右边”。他们只使用客观的方位。我们说的“票在我左边的口袋里”，他们可能会说成“票在我东边的口袋里”。

贾斯汀·波拉德（Justin Pollard）是一位历史学家，他的绝大多数时间都用来写书、写文章和电视剧本。他在电影《穿条纹睡衣的男孩》以及《加勒比海盗》中都担任历史顾问。他写过9本书，其中的一本详细探讨了马桶的历史。

26. 隐形墨水是怎么回事？

提问者：赖迪玛，7岁

回答者：西蒙·辛格博士 科普作家

罗马科学家及将军“老普林尼”（Pliny the Elder ）是第一个提到隐形墨水的人。他的配方中包含了一种从植物里榨取的浅色汁液，这种汁液能用来在纸上写字，字迹晾干后会变得透明。想要获得其中的信息，读者只需要把纸张加热一下，不过要小心，别让它烧着了。透明的墨水在加热后会变黑，这是因为，墨水里含有一种叫“碳”的元素，这种元素受热后会变为黑色。

你可以用任何含碳的液体来体验一下隐形墨水的奇妙，柠檬汁、牛奶，甚至尿都行（当然，最好别用）。找一根带细尖的东西比如牙签做笔，蘸上点液体写字。等到字迹变干后，你可以用熨斗熨一下，字迹就会再次显形。不过，应该找个大人帮助你，别不小心烧着了纸或烫着自己。

尝试使用隐形墨水时，你可以在空白纸上写字，不过也许有人会立刻察觉那纸有点儿可疑，因为谁会给朋友寄张白纸呢？所以，为了机密起见，你应该先用普通墨水写些家常话，在行间留下足够的空儿，然后再用隐形墨水写下机密的信息。祝你的尝试好运。

西蒙·辛格（Simon Singh）在9岁时便想成为一名核物理学家。他学习了量子物理专业，并在剑桥大学与欧洲核子研究组织工作。不过，他后来认识到，自己更擅长的不是科学研究，而是创作科普作品。他的作品包括《大爆炸》(*Big Bang*)、《密码故事》(*The Code Book*)、《费马最后的定理》(*Fermat's Last Theorem*)、《辛普森一家的数学秘密》(*The Simpsons and Their Mathematical Secrets*)。

27. 为什么树叶只在秋天脱落?

提问者：阿克莎、鲁鲁，9岁；布鲁诺，8岁；卡鲁姆，5岁

回答者：卡罗尔·克莱因 园艺作家、节目制作人

在冬季寒冷、夏季温暖的国家，许多树木属于落叶植物，这就是说到了秋天，它们的叶子就会脱落。

叶子在春季和夏季不断生长，而要让它们继续熬过特别寒冷的季节，则要耗费巨大的能量，所以树木采取的对策是脱落所有的叶子。绚烂的秋色正是树叶开始凋谢的标志。这时，树内的汁液回缩到根部，叶柄与树枝连接处的通道被封住，为的是促使树叶脱落。

树叶从树上落下，它们就真的是大限临头，再也不能接收养分。在树上，来年的叶蕾此时已经生出，只是被紧紧地包裹着。待到春季来临，天气转暖，营养开始供应，叶蕾就会绽开，树木又会重现盎然生机。

卡罗尔·克莱因（Carol Klein）非常喜欢围着她在英格兰乡间的花园散步。她写了许多关于种植水果和蔬菜的书籍，她还是BBC“园艺世界”节目的固定嘉宾。

28. 为什么狒狒有个红屁股？

提问者：伽瑞，9岁

回答者：凯特·亨布尔 野生动物电视节目主持人

女孩有时要费尽心思吸引男孩的注意，她们常常会花上几个小时来穿衣试帽、梳妆打扮。然而，男孩却往往令人难以置信地眼拙。我妈妈曾有一次把头发染成粉色，想看看我爸爸能不能看出来——他竟然没有察觉。男人需要女士在爱慕他们时表达得别那么含蓄。其实，狒狒也是如此。

狒狒成群生活，一大家子老幼雌雄都有。公狒狒要干很多事情，要找食物，要清理自己身上的寄生虫，要帮忙照顾幼仔，要警戒豹子等猛兽，还要与其他公狒狒打斗以显示自己的强大。

同人类一样，雌狒狒也想找一个高大强壮、健康威猛的公狒狒。由于公狒狒有许多事情要操心，雌狒狒就要有一套更明显的示爱手段，让对方明白自己的美意。狒狒们不会发短信，也不懂搞一个浪漫的烛光晚餐。它们能做的，就是使自己的屁股又胀又大，变成亮红色。很明显，这一招挺管用，因为非洲分布最广的灵长类动物就是狒狒。

凯特·亨布尔（Kate Humble）是野生动物和科学节目主持人。她5岁时便学会了骑马，童年的大部分时间都在骑马闲逛。如今，她在非洲拍摄狮子，或在威尔士拍摄羊羔的出生。业余时间，她与丈夫在自己的农场里传授农业技能。

29. 温斯顿·丘吉尔为英国做了些什么?

提问者：塞纳，6岁

回答者：丹·斯诺 历史学家

温斯顿·丘吉尔算不上一个特别出色的战士，也不是一个完美的领导者。他经常犯错，也做了一些错误的决定。他甚至不是一个卓越的政治家：他让敌人有机可乘，又让许多同盟者不信任他。但温斯顿·丘吉尔却做了一件绝对正确的事情，一件英国人曾做过的最为正确的事情之一，直到今天，全人类还因此而受益。

1940 年夏天，眼看希特勒的纳粹德国就要赢得第二次世界大战，许多人都呼吁丘吉尔放弃抵抗，与希特勒讲和，但他却坚持、毅然决然地坚持抵抗到底。他洞悉了一个今天我们都明白的道理：纳粹是一头残暴的野兽，比历史上任何恐怖帝国和暴君都要更为邪恶，也更具有破坏性。

多年以后，当希特勒杀戮数百万犹太人、波兰人、苏联人以及异己人士的罪行被揭露出来后，事实证明了丘吉尔的正确。通过一系列激动人心的演讲，丘吉尔令英国及全世界相信：眼下的战争不同以往，不仅仅是国家之间的权力争夺，而是为了保卫世界的文明与未来所进行的一场独一无二的抗争。

丹·斯诺（Dan Snow）为 BBC 电视台制作历史节目，他还写书并为 iPad 编写软件。他与家人住在汉普郡，他热爱历史，因为历史里包括了人类所经历的最激动人心的事件。

30. 流星与小行星有什么区别？

提问者：哈里，9岁

回答者：安德列亚·伍尔夫 自然科学作家

你可以把小行星想象成一大块围绕太阳旋转的岩石。它们虽然没有行星那么大，却也相当巨大，比如一颗叫谷神星（Ceres）的小行星，其直径接近1000公里，比巴黎到柏林的距离还长。太阳系里有数以百万计的小行星。

如果一颗小行星进入地球大气层，它便成了一颗流星。这可能正是人们经常把二者搞混的原因，因为从某个角度讲，它本是同一颗星。一旦小行星（现在可称其为流星了）撞上了大气层，它通常会燃烧起来。你看过贼星滑落吧？拖着白亮的尾巴飞速掠过夜空，然后消失在天际？那便是一颗正在燃烧的流星。

麻烦还没到头呢，如果一颗流星未被烧光，而是穿过大气层落到了地面或海里面，它便被称为陨石了。

安德列亚·伍尔夫（Andrea Wulf）在《追踪金星》（*Chasing Venus*）中描写了一些狂热的天文学家走遍全球以观测行星。像那些天文学家一样，伍尔夫自己也喜欢全球旅行，不过她倒不全是为了观测天象。

31. 我打哈欠时旁边人为何也跟着打哈欠?

提问者：阿历克斯，7岁

回答者：杰克·刘易斯博士 神经学家、节目制作人

当你的大脑比正常情况稍稍热一些时你便会打哈欠。哈欠能帮助流进大脑的血液冷却，从而让你感到清醒，帮你对抗疲倦，在要打瞌睡时能够集中注意力。

你一直坐着没怎么动，在意识到很快就要有某些活动到来时，通常就会打哈欠。比如，伞兵在进入敌军空域准备跳伞时，往往会打哈欠；我在登台面对几百人演讲前也常常打哈欠。

身边的人会跟着你打哈欠，似乎打哈欠会传染一般，原因在于打哈欠可以使周围的每个人都变得更活跃。当其他人跟着你打哈欠时，他们的大脑会变凉快。大家一同打哈欠使得每个人在同一时间变得头脑清醒，注意力集中。

通常，在经过漫长的等待之后，防暴警察在介入冲突前会集体打哈欠。对我们多数人来讲，跟着别人打哈欠往往意味着一件挺没劲儿的事会接踵而来——抓紧时间，赶快上床睡觉。

杰克·刘易斯（Jack Lewis）酷爱探索人类的大脑，他想弄清大脑是怎样影响我们的认知的。在研究之余，他为《探索》频道创作了一系列新的专题片。

32. 为什么昆丁·布雷克的画都乱糟糟的?

提问者：哈尔，8岁

回答者：昆丁·布雷克爵士 画家

你好！好画未必都得整洁。在我眼里，我的画并没有那么凌乱，因为在我画完它们时，所有的线条都待在了我希望它们待的地方，即使它们并不相连。如果线条不完全相连，色彩不十分协调，那是因为我常想画一些正发生的事情，我想以此暗示读者：事情还没有结束呢。

昆丁·布雷克（Sir Quentin Blake）为罗尔德·达尔的童话书创作了许多精彩的插图。从记事起，他就一直在画画。为了庆祝自己80岁生日，他最近出版了一本新书《超越纸面》(*Beyond the Page*)，描绘自己理想中的画家，他所采取的是一种随心所欲的绘画风格。

33. 为什么斑马会长条纹?

提问者：瑞秋，8岁；杜拉尼，7岁

回答者：卡伦·詹姆斯博士 生物学家

想要理解一种植物或动物为何那样生长，首先要问三个问题：一是长成那样是否有利于它们的生存或繁衍？或者纯属偶然？ 二是如果有利于，那么是如何起作用的？三是所起的这种作用是否有证据证明？

先从问题一讲起，你如何能说明条纹是否有助于斑马的生存？也许你会找一群斑马，将 1/3 涂成纯白色，又 1/3 涂成纯黑色，剩下 1/3 不变，然后看看最终有多少活了下来并成功繁育了后代。问题是……你试过逮住一匹斑马再给它涂色吗？我可没试过，这事儿听起来就够难的！

再看看第二个问题，即使还不能确定条纹是否对斑马有利，我们仍可以问，“是如何起作用的？”一些科学家认为在高草丛中，斑马身上的条纹可以起到伪装的作用。另一些科学家认为，条纹使狮子那样的捕猎者很难瞄准斑马群中的某一匹斑马，它根本分不清哪儿是头哪儿是尾呀！还有看法认为，独特的条纹图案使斑马能彼此辨认，就像人类通过面孔识别一样。

看法都挺好，不过我们得转向第三个问题了，“有证据吗？”读一下科技文献，我们发现所有的上述看法都没有证据。不过，还有另一种观点……

除了像狮子那样的大型捕猎者之外，一些小动物也能伤害斑马，比如吸血的飞虫。它们传播疾病，还令斑马分神，不能专心进食和防备猛兽的偷袭。

2011 年，科学家在野外放置了一些木制斑马模型，有些模型涂成条纹状，有些涂成纯白色，也有些涂成纯黑色。听起来熟悉，对吧？接下来，他们在斑马模型上都刷上胶。结果发现，纯黑的模型上粘住的吸血飞虫最多，纯白的少一些，而条纹状的最少。

终于，有了证据显示：斑马的条纹也许是为了驱赶吸血飞虫，就像一种视觉驱虫剂。

卡伦·詹姆斯（Karen James）是美国缅因州荒岛山生物实验室的生物学家。她是贝尔格计划的联合发起人，该计划的目的是要重建 1830 年代搭载达尔文环游世界的贝尔格号帆船。

34. 为什么汽车不能用汽油以外的东西当燃料，比如水呢？

提问者：约提，9岁

回答者：昆廷·库珀 作家、科学及艺术节目主持人

汽车从来就不是一门心思的汽油迷。从一开始，也就是 100 多年前，许多司机开的就是电动汽车，甚至第一种大规模量产的廉价汽车，福特的 T 型轿车，便设计成了既可以燃烧汽油也可以燃烧酒精。

如今，数不清的汽油替代型和混合动力汽车正行驶在全世界的道路上。这些汽车使用的燃料什么都有，从天然气、生物燃料、电力，一直到一些比较另类的东西，如氢气、太阳能，甚至人类的粪便。恶心吧！

几乎所有能够提供能量的东西都可以驱动汽车，但水不行，至少目前还没戏。虽然许多人声称已开发出了水动力汽车，但据我所知，那些人要么是在吹牛，要么是在胡扯，要么就是纯粹在骗人。

昆廷·库珀（Quentin Cooper）常被称为“世界上最满怀热情的男人”，因为他极端热爱科学和艺术。他为报刊写文章，在科技节和科技活动中发表演说。他主持的广播节目《物质世界》（*Material World*）广为人知，是 BBC 电台最受听众欢迎的科学节目。

35. 为什么洋葱会使人流眼泪？

提问者：马修，9岁；埃利诺尔，5岁

回答者：格雷格·富特 冒险科学家

不知你怎样，反正我在切洋葱时泪流得像个小宝宝似的！我控制不住，这全是化学物质惹的祸。

我们用刀子切开洋葱的同时也就切开了洋葱的细胞，有多种化学物质会从中释放出来，它们彼此间会起反应。大约30秒后（注意，你不是立刻流泪的吧？），一种带有硫磺的气体飘进了眼睛，同眼里的泪水混合，产生出灼人的硫酸，使人感到很不舒服。

但流泪是怎么回事呢？是这样的，在眼球的前端（即角膜处），有一丛神经末梢，可以感知任何物理或化学刺激，一旦探查到了催泪的化学物质，就会向泪腺发出信号，促使泪水大量产生冲走刺激物。所以，你的泪水会一路流到你所做的意大利肉酱里。

如何才能避免流泪呢？可以在水里切洋葱，使刺激物被水吸收；把洋葱先在冰箱里冷却一下可以减缓化学物质间的反应速度；或者，你干脆戴个潜水面具吧！

格雷格·富特（Greg Foot）被活埋过，被冷冻过，坐过电椅，所有的这些冒险都是以科学实验的名义进行的。作为一个科学冒险节目的表演者，格雷格在电视上有许多惊人之举。他还在YouTube上回答网友的科学问题，也在学校进行现场科学表演。

36. 为什么吃下的甜玉米粒又能原样拉出来?

提问者：基恩，7岁；朱尔斯，6岁

回答者：玛丽·罗奇 作家

玉米粒上有一层致密的纤维种皮，可以经得住胃酸和胃液的消化，就如同皮夹克能够保护摩托车手一般。玉米的难消化是出了名的，它可以完整地穿过人的消化道，或者剩下至少可以辨认出来的碎片。因此，玉米可以作为“标记食物”，用来测量食物从被吃下到被排出要用多长时间。

下次你吃老玉米时可以做个试验。记下你吃下玉米的日期和时间，然后再记下你再次见到它们的时间，两者间隔的小时数就是它们在你的消化道里的转运时间。(有些人也许不愿往马桶里瞅一眼，不过你们既然能问出这个问题，想必没有那么多顾忌。你们有健康的好奇心，这非常棒！)

如果你充分咀嚼，咬破了玉米粒的种皮，身体便能吸收玉米里的营养物质了。鸟类没有牙齿来帮助破碎种子，因而它们的粑粑里会有整个的籽粒，这样的种子便会在落地之处发芽。植物没有腿，更不会开车，它们却用这样的方式周游四方。鸟儿拉粑粑帮助植物把种子撒到了天涯海角。

在非洲大草原，猴面包树（Baobab ）的种子特别坚硬，连黑猩猩也嚼不动。于是，它们得将这种种子吃上两遍。黑猩猩会从自己的粪便里将未被消化却已经变软的种子拣出来，再次输入自己的“消化机”中。经过这第二次的循环，种子才会被破开。你一定还会愿意听到这样的信息：黑猩猩这么做时，它们还会用树皮来抹干净自己的嘴巴。

玛丽·罗奇（Mary Roach ）为《国家地理》《新科学》《纽约时报》等报刊供稿。她的作品《饕餮》（*Gulp*），讲述了一次在消化道中的神奇之旅。她喜爱轻装简行游荡四方，喜欢玩字谜游戏和吃芒果，她还喜欢在《动物世界》中向观众展现一些特别可怕的动物，比如一种寄生在鱼眼珠上的虫子。

37. 人类从哪儿学会了数数？

提问者：托米，7岁

回答者：亚历克斯·贝洛斯 数学作家

很可能是从观察月亮开始的。我们的祖先一定注意到了月亮周期性的变化循环，从满月到新月，再回到满月。

为了跟踪月亮的圆缺，祖先们会在木头或石头上刻一些记号，或者在石墙上画一些标记，这样就可以记住所经过的天数了。每一个记号或标记表示过了一天，这很有点像电影里囚犯用的办法：每过一天便在牢房的墙上划一道线，以便记住自己在监狱里待了多久。

所以，人类数数的目的在于渴望追踪时间。这一目的引领人类在经过了千百年后，最终发明了数字。

亚历克斯·贝洛斯（Alex Bellos）是《亚历克斯数字王国奇遇记》（*Alex's Adventures in Numberland*）一书的作者。该书讲述了数学的趣味所在，以及数学与现实生活的关联。他现住在巴西，正创作一本有关足球的书籍。

38. 蒙娜丽莎为什么没有眉毛?

提问者：梅亚，11岁

回答者：马丁·肯普教授 达·芬奇学家

真是个出人意料的难题！兴许是修复时给弄掉了，也可能是压根就没画，我怀疑是前一种。在一些较好的早期临摹画上，可以看到淡淡的眉毛，修剪得极其纤细。在处理这样的细节时，达芬奇会用极小的画笔，以无比细腻又精致的笔触进行描画。曾经画在蒙娜丽莎衣领蕾丝上的细褶儿，就在后来的修复中消失了——她的眉毛很可能遭遇到了同样的厄运。

马丁·肯普（Martin Kemp）是牛津大学美术史教授，他是一位世界级的达·芬奇问题专家。他的新书《从基督到可乐》（*From Christ to Coke*），讲述了图像如何变成标识的故事。

39. 弗莱明如何创造出了詹姆斯·邦德?

提问者：佛古斯，9岁

回答者：威廉姆·博伊德 小说家、剧作家

第二次世界大战期间，伊恩·弗莱明是一名谍报官员，在英国的海军情报部工作。那是他一生中最快乐的一段时光。战后，为了挣钱，他开始写谍战小说，并创造了一个无所不能的间谍形象，这个间谍所做的事情都是弗莱明自己从未做过的。在自己的小说里，他过上了一种想象的生活，其中充满了行动、冒险、恶棍和美女。

但他没有想好这个间谍的名字，他希望起一个特别简单又非常有英国味儿的名字。一天，他在书桌上翻看一本讲观鸟的书（弗莱明是一个积极的观鸟爱好者），书的作者是一位鸟类学家，名叫詹姆斯·邦德。弗莱明决定自己虚构的间谍就借用这个名字。就这样，詹姆斯·邦德诞生了！

威廉姆·博伊德（William Boyd）经常在自己的小说和剧本中想象当个间谍会是什么样子。如今，他自己在给电影“007”写续集。他最为知名的小说要属《赤子之心》（*Any Human Heart*）了，这部书最近又被搬上了电视荧屏。

40. 未来能否实现隔空传物？

提问者：赛比，9岁

回答者：布赖恩·克莱格 科普作家

已经可以了！不过传输的规模还特别小。有一种巧妙的技术叫量子传递，可以将一个原子一模一样的复制品，传送到任何一种特殊信号能到达的地方，并可能传递病毒那般大小的东西。

未来的某一天，我们也许可以隔空传递一个人，不过前提是要将他身上的每个原子复制下来分别传输。不过，人身上的原子实在太多了，假设传输机每秒钟可以复制一万亿个原子，我们要花上2亿年才能将一个人整个扫描下来。

另一个难题是，为了精准复制（连思想和记忆都分毫不差），就得将原来的人彻底拆散。别人只是看到你从远端一下子冒了出来，可旅行的过程听起来一点儿都不好玩。

我们可能永远也不会隔空传递人。不过，量子传递技术已经在一种特别的量子计算机中得到了应用，这种计算机运用构成宇宙的基本粒子（比如构成光的光子）来进行计算。

布赖恩·克莱格（Brian Clegg）毕业于剑桥大学物理系，曾为英国航空公司工作。他努力将新技术应用于民航领域。但在过去的10多年里，他创作了一些自己感兴趣题材的科学图书，比如，如何制造时间机器，人体中的科学等等。

41. 谁杀死了最后一只渡渡鸟？

提问者：马克，12岁

回答者：朱利安·休姆博士 伦敦自然历史博物馆研究员

设想你是一个荷兰水手，时间是1598年的9月。你在海上已经漂流了好几个月，船上的食物全都腐败了，淡水也泛起了臭味。你的许多伙伴都病倒了。一场大风暴将船吹离航线达数百英里之遥，你们在海上迷失了方向。

突然，你看见了一座岛屿。幸存的船员们探查了之后，发现岛上布满了森林，到处是棕榈树和珍贵的黑檀树，甘洌的泉水从山上流淌而下。你们发现的是毛里求斯岛。

岛上，鸟类随处可见，都温顺得可以徒手抓住。一只与众不同的鸟引起了你的注意，它像火鸡一样大，长着一个大大的带弯钩的嘴和一对极小的翅膀。这就是渡渡鸟（Dodo）。渡渡鸟不怕人，所以船员们用木棍轻而易举地捕杀了20只并装上了船。等你到家后真可以好好炫耀一番了！

不到一年时间，随着那座岛的消息不断传开，现在有许多船只都到那里停靠，补充食物和淡水。猪、羊、猴子和鹿也被放到了岛上以便提供更多的食物，船上的老鼠也逃上了岛并大肆繁衍，黑檀树被砍伐，大片的森林被毁坏。

渡渡鸟在岛上平静地生活了几百万年，没有天敌，可如今它们的家园被包围了。仅仅过了 80 年，在岛上最偏远的某个地方，随着最后一只渡渡鸟的死亡，渡渡鸟就此灭绝了。

朱利安·休姆（Julian Hume）是位古生物学家和画家，他对已经灭绝的动物格外感兴趣。由于受过良好的科学训练，他可以细致地研究那些早已灭绝的动物。

42. 谁发明了气球?

提问者：阿玛尔，10岁

回答者：约翰·格里宾、玛丽·格里宾 科普书作家

橡胶气球是在1824年由著名科学家迈克尔 · 法拉第发明的。他当时做实验要用到氢气，却找不到储存氢气的地方。于是，他找来两片橡胶，将一片放在另一片上面，又在中间放上面粉以防止粘连，然后用机器使劲挤压两片橡胶的边缘，让它们粘在一起，并在一端留下让氢气充入的缝隙。由于氢气比空气轻，充满氢气的气球会浮在空中。

这太好玩了。所以仅仅过了一年，一个叫托马斯·汉考克的玩具制造商，就开始出售一种工具，让人们可以自己做气球玩。但氢气容易起火，烧起来还格外凶猛，因而今天的气球填充的是氦气——这种气体很轻，又不会燃烧。用空气吹起来的气球不能在空中漂浮，不过玩起来也很有趣。

约翰 · 格里宾和玛丽 • 格里宾（John and Mary Gribbin）夫妻俩为小读者写过许多科普读物。约翰曾当过宇航员，玛丽以前是老师。一旦有了灵感，他们会首先讲给自己的孙女孙子听，看看他们的评价如何。

43. 为什么老年人不喜欢流行音乐?

提问者：萨沙，9岁

回答者：安·维特库姆 小说家、前政治家

我们当然喜欢流行音乐啦，不过那些音乐都是多年前曾经流行过的。我们并非讨厌现在的流行音乐，而是受不了青年人播放音乐的音量。大音量吵得我们的老耳朵很难受，连讲话也听不清。人老了，听力本就不比从前，再要忍受巨大声响的折磨就更加吃不消了。

安·维特库姆（Ann Widdecombe）是前保守党政治家，目前正在创作自己的第五部小说《兄弟之约》（*An Act of Brotherhood*）。业余时间，她喜欢花时间陪伴她的宠物山羊。她热爱音乐，但却承认自己实际上是五音不全。

44. 像牛和羊这样的动物是否也有口音？

提问者：安吉丽娜，6岁

回答者：约翰·威尔斯教授 语音学专家

和人不一样，动物没有语言。它们只会鸣叫（狗儿汪汪，猫儿喵喵，羊儿咩咩，牛儿哞哞，鸟儿喳喳），但这些鸣叫都算不上语言，即使它们能起到某些交流的作用。

如果你见过训练牧羊犬就会知道，我们可以教会狗明白相当复杂的口令，但它们仍然没法跟我们讲话。要是你外出了，把狗留下来看家，回家后你没法问它，“我外出时有人来电话吗？”它也不能告诉你，“电话铃响过，但我没接，还有个人曾敲过门。”

不同品种的狗叫声会有不同，你能分辨出某条狗的叫声，如同分辨出某人的声音一样。但狗的叫声同它在哪儿长大、朋友是谁或在哪儿上学全无关系，而这些因素却决定了你我的口音。

科学家曾发现，不同海域的鲸鱼叫声有所不同，某些种类的鸟在不同的地方叫声也有差异。所以，也许可以说，鲸鱼和鸟类有“口音”或“方言”。不过，家养的牛、羊则情况不同，它们在哪儿长大完全取决于它们的人类主人。

几年前，报纸上有条消息说，英国萨默塞特郡的牛叫起来有明显的西南英格兰口音。不过，这却是条假消息，是一家公司为了推销奶酪杜撰出来的。就我所知，萨默塞特郡的牛同约克郡或诺福克郡的牛叫起来完全是一个声音。

约翰·威尔斯（John Wells）是伦敦大学学院（University College London）的语音学教授。他特别喜欢研究人们说话的方式和声音，写过一本发音字典。闲暇的时间，他喜欢唱歌，并演奏手风琴。

45. 知更鸟能和乌鸫交朋友吗？

提问者：波利，4岁

回答者：比尔·奥迪 观鸟者、播音员

实际情况是，知更鸟（robin）彼此间交朋友都有许多麻烦！如果花园里有了一对知更鸟，要是再来一只的话，雄鸟就会将新来的赶跑，或者干脆上演一场打斗，两只鸟用尖嘴啄对方，搞得鸟毛漫天飞。

有一年，有一对知更鸟来到我家的花园筑巢，它们确实相当精心地抚养自己的孩子。可一等到雏鸟们离开鸟巢，或者能飞起来，我就会经常看到雄鸟或雌鸟驱逐自己的孩子，或是雏鸟相互打斗。为了说明知更鸟的攻击性有多强，我们曾做过一个试验，将一只假知更鸟放到鸟巢附近的篱笆上，雄知更鸟竟把这只假鸟的头给鼓捣掉了！

知更鸟与乌鸫（blackbird）恰巧属于同一家族，都是鸫科。它们体型相似，长着相似的尖嘴，并都以虫子为食。只要食物充足，彼此间可能并不会过于纠缠，但我觉得它们不适合成为朋友。

什么是鸟儿心目中的友谊？那些成群居住在栖息地的鸟儿们是朋友，还是邻居？如果不同种类的动物之间真能有友谊的话，我猜最有可能的是人工饲养的动物，或家里的宠物。想象一下这样的画面：小猫咪依偎着斗牛犬，或是虎皮鹦鹉栖息在乌龟的背上，或是……好了，你自己开动脑筋吧！想让谁跟谁呢？

知更鸟和乌鸫也会这样成为朋友吗？我从未看到过它们依偎在一起。不过倒是有一回，我取出鸟食，知更鸟和乌鸫都到我的手上来吃。我不知它们彼此间有何看法，但它们倒都把我当朋友。

比尔·奥迪（Bill Oddie）既懂鸟又爱鸟，还非常善于在电视上展现鸟类的生活。他写过一些非常可爱的有关鸟类的书，他还喜欢唱歌、敲鼓、吹萨克斯。

46. 我能只靠吃香蕉活着吗？

提问者：凯蒂，9岁

回答者：安娜贝尔·卡梅尔 育儿书作家

香蕉是特别棒的食物，但你却不能只靠吃香蕉就存活下去。健康的饮食意味着食物的种类要丰富。只吃单一的食物只能获得某类特定的营养物质，这对身体没有好处。所以，无论你吃的是什么，长期只吃一类食物是无法生存的。

如果有充足的饮水，只吃香蕉也可以让你维持一段时间的生命。香蕉所含的钾，是人体所需的营养物质之一，但它需要有其他的矿物质来平衡。过多的钾会让人中毒，导致神经和心脏出现毛病。

每只香蕉大约含钾 0.4 克，4 到 8 岁的孩子每天推荐摄入的钾量为 3.8 克，所以，即使一天吃 10 根香蕉，你摄取的钾也只是刚超过推荐量，并不会让你的身体中毒。一天吃 10 根香蕉还真是不少，引发的后果可能是你会吃腻，也可能是肚子疼，不断上厕所——因为香蕉里含有大量的纤维！

安娜贝尔·卡梅尔（Annabel Karmel）是育儿专家，也是 3 个孩子的母亲。21 年前，她写过一本非常畅销的书——《婴幼儿食谱大全》（*Complete Baby and Toddler Meal Planner*），此后，她又出版了 27 本书，还在主持电视节目——“安娜贝尔的厨房”。

47. 为什么杰出的作品会催人泪下？

提问者：吉米，10岁

回答者：乔乔·莫伊斯 作家

最好的书可以让你身临其境，你仿佛是和书中的人物经历了同样的事情。读自己喜爱的书时，我也仿佛在同马儿赛跑，也在惊恐地逃脱魔爪，也为心系之人的离世而流泪（即使那人只存在于书中）。

如果我捧着一本书流泪，那是因为书里的人物对我来讲非常的真切，看到他们遭逢厄运时我会感到伤心，就如同这些事发生在我身边的某个熟人身上一样。读到《夏洛的网》的结尾时，我哭了起来（即使我并不喜欢蜘蛛）。阅读《纳尼亚传奇：狮子、女巫和魔衣橱》，看到阿斯兰（一头雄狮）勇敢地做出牺牲时，我同样流下了眼泪。

即使成年后我还是常常流泪。有一天，在读约翰·格林的《命运的错》（*The Fault In Our Stars*）时我就禁不住泪流满面。所以，当有人提到读我的书而流泪时，我会格外高兴，因为那意味着我创作出了真实的、打动读者的情节和人物。

乔乔·莫伊斯（Jojo Moyes）曾做过打字员和出租车调度员，后来成为独立报记者。她写过许多畅销小说，包括《遗妇》（*The Girl You Left Behind*）和《我就要你好好的》（*Me Before You*）。她如今与丈夫和3个孩子住在英格兰乡间。

48. 哪种恐龙在地球上最早出现？

提问者：菲利斯，9岁

回答者：保罗·巴雷特博士 恐龙专家

现今已知最早的恐龙是在 2013 年发现的，被命名为尼亚萨龙（Nysasaurus），它生活在现在东非的坦桑尼亚地区。它的体型较小，只有大约 1 到 2 米长，可能是用后腿站立行走。

保存尼亚萨龙骨骼的岩石来自三叠纪（Triassic）[①] 中期，岩石的年龄大约有 2.45 亿年，比其他的早期恐龙化石提早了近 1500 万年。

不走运的是，我们无法知道尼亚萨龙是何种恐龙，所发现的化石缺失了牙齿和爪子，而要判断恐龙以什么为食，这些部位可以提供最好的线索。现在能确知的其实只有两部分的骨骼：一部分是一些颈骨，另一部分是一条臂骨和几块背骨。

尼亚萨龙的骨骼非常少，考虑到它们是最为早期的恐龙这倒也没什么可奇怪的。那时，地球上称王的还是其他各种样式的爬行动

① 三叠纪是爬行动物和裸子植物崛起的时代，大约始于距今 2.5 亿年前，延续了近 5000 万年。

物，特别是今天鳄鱼的祖先们，以及单孔亚纲（Synapsid）[①] 爬行动物，它们正是哺乳动物的祖先。

保罗·巴雷特（Paul Barrett）是伦敦自然历史博物馆的恐龙专家。他毕业于剑桥大学，在剑桥和牛津都工作过。而他最喜欢的还是去世界各地研究恐龙。他特别常去的地方是中国、澳大利亚、南非和美国。

① 单孔亚纲出现在3亿2千万年前的晚石炭纪，它们在头骨的两侧各有一对下位的颞孔，位于眶后骨和鳞骨之下，故有此名。它们被称为似哺乳爬行动物。

49. 星星为什么闪闪发光？

提问者：詹姆斯，7岁

回答者：希瑟·库珀博士　天体物理学家

“一闪一闪小星星，我想知道你是什么？”（“Twinkle, twinkle, little star. How I wonder what you are？”）可它们为什么一闪一闪的呢？首先，星星可不小！它们都是些巨大的、由火热气体组成的球体，直径往往有几百万公里，同我们的太阳一样。由于离我们太远，它们才看起来很“小”。并且，闪烁也同星星本身无关，那是地球大气层造成的。

想象一下，你漂浮在游泳池里，透过水波观看，周围的东西都会模糊不清。透过涌动的空气张望遥远的星星也正是如此，冷暖气流在你头顶交汇，使得星星模糊不清，闪烁不定。接近地平线的星星闪烁得最为明显，因为视线需要穿过的空气最为厚密。

行星并不闪烁，这让你可以从夜空中的一片恒星里分辨出它们来。太阳系里的行星，离我们要比那些恒星近得多，恒星看起来只是一个光点，它们看起来则要大得多，这也是同样条件下，空气不能扭曲它们的原因。

希瑟·库珀（Heather Couper）是一位天文学科普读物作家和节目主持人。她管理格林尼治天象馆达 5 年的时间，并写过超过 30 本书。有一颗小行星以她的名字命名。

50. 为什么有些球员即使不进球也比别的球员挣得多？

提问者：伊斯梅尔，10岁

回答者：西蒙·库珀 记者

也许，一个没进球的球员理应挣得更多一些。要知道，除了进球，还有很多方式可以帮助自己的球队。在球队里，好的守门员或后卫同优秀的前锋可能同样有价值，尽管他们所吸引的媒体报道只及前锋的一半。

切尔西队赢得了2012欧洲冠军杯，守门员切赫对球队的贡献同前锋德罗巴一样大，但德罗巴却成了英雄。很可能太多的钱付给了在场上能够得分的人，前锋往往比守门员挣得多（守门员通常是场上挣钱最少的人），这并不公平。

提到足球，人们太热衷谈论将球送入网窝的球员，而对那些令进球成为可能的其他队友则关注得不够。

西蒙·库珀（Simon Kuper）是《财经时报》的记者，也是《足球经济学》（*Soccernomics*）与《足球：与敌对抗》（*Football Against The Enemy*）的作者。他在8岁时就想成为一名职业球员。

51. 为什么蝴蝶飞起来的样子好像是漫无目的的？

提问者：斯蒂文，4岁

回答者：帕特里克·巴克汉姆 作家

蝴蝶上下翻飞四处乱撞仿佛是迷了路，其实它们往往比人更知道该去哪里。当你看到一只蝴蝶紧贴地面，翩跹于花间草丛时，它很可能是一只雌蝶，在找合适的植物来产卵。

当你看到一只蝴蝶如巡逻兵一般沿着树篱或花池飞过时，它很可能是一只雄蝶，正在找寻伴侣。

当你看到两只蝴蝶一起盘旋上升时，那很可能是两只雄蝶在打斗，赢的那只将把所有的蝴蝶以及其他昆虫（比如蜜蜂）逐出自己的领地。

迁徙中的蝴蝶会从欧洲大陆跨海到达不列颠岛，乘着风势它们每小时可以飞 50 公里，是正常速度的两倍。夜间，蛾子可能会撞上你，但蝴蝶很少误撞。我一生中所见过的蝴蝶，没有一只撞上过我。

帕特里克·巴克汉姆（Patrick Barkham）在乡间长大，他写过一本名叫《蝴蝶岛》（*The Butterfly Isles*）的书专门谈抓蝴蝶，他正在写作的书要谈人们为什么喜欢海边。

52. 没有新闻时报纸登什么?

提问者：汉娜，9岁

回答者：奥利弗·伯克曼 记者

一些早期的报纸并不是定期出版，而是在发生了值得报道的事件时才出刊。不过，新闻其实无时不有，毕竟“新闻”只是指新的事情——你以前没听说过的事情都是新的。

因而，一个好的记者总能发现些东西来填满版面，要知道世界上时刻发生着数不清的事情，而报纸不过只有几页的版面。你知道那些制造计算机的中国工人的日常生活吗？如果不知道，那么相关的报道对你来说就是新闻。

还有许多调查型记者，他们会花上几周或几个月时间去揭秘某项罪行或政治丑闻；他们不仅是报道某个事件，还在制造新闻。尾随嘎嘎小姐（Lady Gaga）的狗仔队就是在制造新闻，当然，你未必赞同他们的做法。

这些都表明，报纸并不是去发现新闻，而是判定哪些新闻值得报道，电视和广播也有同样的功用。也许，你并不赞同他们的选择。（举个例子，记者常被诟病只关注坏事而忽视好事，这让世界看起来好像很糟糕。）

有件重要的事要记住，无论你读到或看到什么新闻，都是有人决定要告诉你这些事，同时又舍弃了别的事。他们展现的只是自己的世界观——世界观并不唯一，事物总还有另外的一面。

奥利弗·伯克曼（Olive Burkeman）是《卫报》的记者，常住纽约。他的新书《灵丹妙药——悲观者的幸福之路》(*The Antidote: Happiness for People Who Can't Stand Positive Thinking*）探索了祸福相依的道理。

53. 为什么母狮子没有狮鬃?

提问者：格瑞斯，7岁

回答者：西蒙·金 野生动物制片人、博物学家

公狮子有狮鬃的原因有很多。其中一个原因是广告作用，显示它对一块领地的统治权，对企图取代它的新来者提出警告——狮鬃在很远处便能被认出来。在打斗时，狮鬃还能保护狮子的面部和脖子。

肯尼亚的马萨马拉野生动物保护区住着一种狮子，它们长着最大、最迷人的黑色狮鬃。

至于母狮子，它们不太会为争夺领地而打斗，它们的大部分时间都花在捕猎上。它们可不想一眼就被认出来，没有狮鬃就能帮助它们保持“低调”。

西蒙 · 金（Simon King ）是一位博物学家、作家和主持人。他最知名的作品是电视片《春天观察》（*Springwatch*）和《大猫日记》（*Big Cat Diary*）。要是他能成为动物，他希望是猎鹰，因为那样就能在 1000 米的高空以 300 多公里的时速飞翔了。

54. 哑剧是什么时候发明的？

提问者：埃洛斯，9岁

回答者：贝塔尼·休斯博士 历史学家

想搞清历史上的事情，你得变成个侦探。像许多可爱的英文词汇一样，哑剧（pantomime）一词也是个相当纯粹的古希腊语，它由希腊语“pantos”（意思是“全部”）与“mimos”（意思是“演员”）组成。在古代希腊和罗马，哑剧演员通常一人要同时扮演许多角色。

英国到了中世纪或更早些时候，出现了一些狂热的节日，人们在其中可尽情释放自己的激情。节日里，一切都可以颠倒过来，男人可以装扮成妇人，乞丐可以装扮成国王，诸如此类……但直到1720年，伦敦的德鲁里巷（Drury Lane）剧院才上演了第一出真正意义上的哑剧：经典的情节中加进了舞蹈与粗俗滑稽的笑话。一开始，这种演出并未引起多大的反响，但谢天谢地，好在大家坚持了下来！

我一向喜爱哑剧。我可爱的演员老爸经常在理查蒙德剧院扮演老妇人。每年给我装圣诞礼物的长袜是一条旧的、带有传统红白条纹的长袜——那是他扮演老妇人时的一件装束。

贝塔尼·休斯（Bettany Hughes）是一位痴迷于古典文明，尤其是古希腊的历史学家。她写过关于特洛伊的故事，也写过大思想家苏格拉底。对于自己所钟爱的题材，她还将它们制作成电视节目，其中既有神仙，也有地下的遗迹。

55. 科学的意义在哪里?

提问者：路易斯，7岁

回答者：约翰·格登爵士 生物学家、诺贝尔奖得主

科学能使人类的生活质量不断提高。

约翰·格登（John Gurdon）是一名生物学家，以基因克隆领域的开创性研究闻名于世。2012年，他由于干细胞的研究而获得诺贝尔奖。

56. 为什么蝎子能在紫外线下发光?

提问者：希林，8岁

回答者：道格拉斯·加芬博士　生物学家

你出了个难题。如果你问“蝎子如何在紫外线下发光？”就会容易回答些，发光是由于蝎子皮肤里有一些化学物质，在紫外线照射下起了化学反应。不可见的紫外线激活了这些化学物质里的电子，当这些电子平静下来时，就会释放出可见的绿光。

但你问的是“为什么”。好吧，许多人都有自己的解释，但没有哪个解释特别确定。一种看法认为雌蝎子发光是为了吸引雄性；另一种看法认为发光可能是为了吸引猎物。蝎子在夜间活动，捕食飞蛾和昆虫。这些虫子会被光吸引，而蝎子所发出的微光正好引诱它们上钩。

第三种看法认为蝎子在用皮肤感知微光。老鼠和猫头鹰都吃蝎子，所以蝎子必须不时地逃跑和躲避。如果蝎子的皮肤感觉到了星光，它就会跑开，找一个身体完全能被遮挡住的安全地方。发绿光可能是蝎子最擅长感知这种光，它们吸收星光，放出绿光，这样便最有机会及时隐蔽自己。

对于这个问题还有些其他的解释。也有可能它们发的光没有任何作用，只是为了引起你这种好学生的注意，使你能够提出问题，并思考各种的可能性。

道格拉斯 · 加芬（Douglas D. Gaffin ）是俄克拉荷马大学生物系教授。他专门研究蝎子等节肢动物所具有的特殊感知能力。空闲时，他喜欢打排球、野营、骑车、远足、弹班卓琴。

57. 我老爸的乐透彩票为什么老中不了奖？

提问者：科尼，5岁

回答者：蒂姆·哈福德 经济学家

总共有 49 个乐透球，代表 49 个号码，要想中奖，你老爸得选出 6 个同开奖号码一致的号码。这听起来就挺难的，而实际上比你想象的还要难得多的多。正确选中第一个球的机会是 1/49，接下来，由于你老爸已经挑走了一个球，选中第二个球的机会便成了 1/48，第三个是 1/47，以此类推。将所有的得数乘起来，得到的是一个非常非常小的概率：100 亿分之一。

实际上，你老爸中奖的机会比这要大，因为他只需抽对 6 个球，而不用管球抽出的顺序。6 个球共有 720 种排列组合的方式，无论出现哪种情况，你爸都中奖了。所以，他中奖的概率不是 100 亿分之一，而是 100 亿分之 720，也就是 1400 万分之一。这依旧是个特别小的中奖机会，玩这样的游戏可不太明智。

其实，一个人买了奖券没等到开奖便死掉的机会反而比中奖的机会大得多。英格兰与威尔士总共有 5600 万人，正好是 1400 万的 4 倍。如果每人每周都买一张彩票，应该有 4 人中奖。但每周英格兰与威尔士都有 10000 人死亡，如果某人在周一买了张彩票，他在那一周死掉的可能性比中奖的可能性要大 2500 倍。

蒂姆·哈福德（Tim Harford）为《财经时报》撰文，也写书讨论日常生活中的经济学问题。他在BBC电台主持一档节目，专门谈论隐藏在数字中的陷阱。

58. 什么使得海洋里波浪翻滚？

提问者：阿莱斯，11岁

回答者：海伦·泽尔斯基博士 物理学家

下次喝热饮时，你自己也可以掀起点波浪来。轻轻地从一侧向饮料的表面吹气（就像你想让它凉下来一样），你会看到涟漪从一侧泛起，并向另一侧传递。你吹出的空气一路推动着液面，因而波浪不断变大。

现在，想象你能不断地将气吹到上百英里远的地方（这可需要有个特别巨大的肺呀！）……波浪将会越来越大——这正是海洋上发生的情形。风推动着水，浪不断地增长。由于海洋是如此辽阔，风又能推着水走上几百英里远，所以波浪能变得特别巨大。波浪大到一定程度就会破碎，变成无数的泡沫。那正是波浪的归宿。

如果波浪不破碎，它们就会一路穿过海洋，有时可以走上几千英里。到达海边时，随着水越来越浅，波浪便只能破碎了。所以，一道碎在海边的波浪，很可能是几天前产生在遥远的海域。

海伦·泽尔斯基（Helen Czerski）小时候就对世界满腹疑问，如今她是一名物理学家，儿时的许多问题都有了答案。她经常在电视和电台中主持科学类节目，是海浪中细微泡沫方面的专家。

59. 我的金鱼认识我吗？

提问者：肖纳，10岁

回答者：麦克·韦伯斯特博士 生物学家

这个问题很棒，不过我还真花时间研究过金鱼怎么生活。首先，金鱼要比人们以为的聪明得多。大家常说金鱼只有3秒钟的记忆，其实，它们能学会各种各样的事情，也能长时间记住所学会的东西。

我们不该为此过于吃惊，像其他动物一样，为了获得足够的食物，为了知道何时外出更为安全，它们也在不断进化。学会和记住事情对它们做这些事情的帮助很大。

许多种类的鱼也可以将彼此区分开来，它们可以从鱼群、从自己的亲族、甚至从鱼卵中区别出外来者。但鱼的世界同我们的差别很大，对于许多种类的鱼来说，视觉固然重要，感觉（比如，嗅觉和触觉）则更为重要。

至于你的金鱼认识你吗？我确信它一定知道何时是喂食的时间。当我掀开鱼缸的盖子，我的鱼一看见我的手，甚至还没等鱼食投到水里，就特别激动。我无法确定鱼能否记住你的长相，但如果鱼能用别的方法认出你来，我也不会很吃惊的，当你走向鱼缸时，它也许能听出你的脚步声来。

麦克·韦伯斯特（Mike Webster）很小的时候每天会花大量时间观察动物，并同它们玩耍，长大后作为一名生物学家他依旧如此。当生物学家还可以到处旅行，也不必起大早去上班。

60. 为什么女孩喜欢洋娃娃而男孩喜欢汽车呢？

提问者：查莱，9岁

回答者：西蒙·巴伦-科恩教授 心理学家

并不是所有的女孩都喜欢洋娃娃，有很多女孩觉得洋娃娃无聊透顶；同样，也不是所有的男孩都喜欢汽车，有许多男孩对汽车毫无兴趣。不过，如果把玩具都摆在地毯上，拍摄一下孩子们分别玩这两种玩具的时间有多长，的确更多的女孩在玩娃娃，而更多的男孩在玩汽车。

这可能有父母或其他成年人的因素，他们鼓励孩子玩这种或那种玩具；或者因为孩子们受到了其他同性别孩子的影响，跟着别的孩子玩某种玩具。不过，我认为这些都只说出了部分原因，并没有完全解释清楚。

一项研究发现，新生男婴更长时间地关注机械物体，而女婴则更留意面孔。这些兴趣上的差别发生在成人或其他儿童能够施加影响之前。如果差别在出生时就能被看出来，则意味着那是人的生物性（比如，激素或基因）在起作用，所以生理因素也是原因的一部分。

对孕期胎儿的跟踪研究提供了一条激素起作用的线索。研究测量了包围胎儿的羊水中雄性荷尔蒙（睾酮）的含量（在子宫里，男婴和女婴都产生睾酮，不过男婴分泌得更多一些）。胎儿分泌睾酮的数量可以预测其出生后的行为模式（比如，对面孔的关注程度）。

因此，社会影响是重要的，但生物性也同样重要。

西蒙·巴伦-科恩（Simon Baron-Cohen）从小就对人脑诧异不已，他如今是剑桥大学自闭症研究中心的主任，也是《毫不同情》（*Zero Degrees of Empathy*）一书的作者。

61. 钟表是如何发明出来的?

提问者：艾米，9岁

回答者：亚当·哈特-戴维斯 作家、前播音员

人们的生活总在围着太阳转，日出时起床，日落后睡觉，中午感到饥肠辘辘时吃午饭。一些古人想邀请朋友在某一时间来聚会，于是他们将一天（从日出到日落）分成了12个时辰。

他们用日晷来测量白天的时间，但夜里日晷就不管用了，于是，他们又想出用滴漏来计时。古希腊人管这种用水计时的工具叫“Klepsydra”，意思是“水贼”，它是一个底部有小孔的水壶，里面盛的水可以均匀地流出。所以，看看水流走了多少，便能算出时间过去了多久。

大约在1580年，在比萨的大教堂里，意大利科学家伽利略见到一盏巨大的铜灯在摆动。他意识到，这种有规律的摆动也许能成为开发时钟的良好基础。他进而发现，不管多长距离，一根一米长的钟摆从左摆到右几乎刚好用时一秒钟。1657年，荷兰科学家惠更斯（Christian Huygens）造出了首台钟摆式时钟，从此，钟摆的脚步就一直没有停止过。

如今的时钟和手表大多使用微小的石英晶体作为调节器，在连通电池后，石英毫无偏差地每秒钟振荡32768次，记录振荡次数的计数器每数到32768下，就会令秒针移动一格。

亚当·哈特－戴维斯（Adam Hart-Davis）是一位作家，以前曾做过电视主持人。他写过大约30本书，最新的作品是《发明——改变世界的重要发明》（*Inventions: A History of Key Inventions that Changed the World*）。他喜欢做木工活，花了许多时间做木椅、木碗和木勺。

62. 为什么会有潮起潮落?

提问者：雷恩，6岁

回答者：约翰·格里宾、玛丽·格里宾 科普书作家

潮起和潮落是因为海水受到太阳与月亮的牵引而形成的。这股牵引的力被称为引力，同将人束缚在地上并给身体重量的力是一样的（重量就是地球拉扯物体的力）。

所有的物体都通过引力互相吸引，物体越大，引力就越大；离得越远，引力便越小。虽然太阳比月球大，但它离地球太远，对于潮汐的影响反而只有月亮的一半大小。

由于月亮围绕地球转动，再加上地球的自转以及围绕太阳的公转，使得潮汐的模式非常复杂。但其中有一种模式最为显著。当太阳与月亮近乎呈一条直线时，也就是在新月或满月时，太阳和月亮的影响叠加到了一起，促成了朔望大潮（Spring Tide），观其名可知，这潮汐一定是“蹦”（Spring 有“蹦跳”的意思）得特别高。但来到半月时，太阳与月亮的作用部分地相互抵消，即使大潮也不是很大，我们称这样的潮汐为小潮（neap tide ）。

潮汐作用不仅影响海洋，也同样牵引地壳。依据所处位置的不同，你脚下的地面在一天之内升上和降下的距离最多可达半米之多。当然，它也带着你起起落落！

回答者简介见 62 页。

63. 打喷嚏时为什么要闭上眼睛?

提问者：利厄，6岁

回答者：唐·哈珀博士 全科医生、节目主持人

当有东西让鼻子里面感到痒痒时，就会有信号传到脑部的喷嚏中心，然后，大脑发信号给所有相关的肌肉让你打喷嚏。打一次喷嚏牵扯到的肌肉有好多块呢，确切地说，有50多块!

当你打喷嚏时，腹部、胸部、喉部以及眼皮处的肌肉都被调动起来，一起去排除任何骚扰你鼻子的东西。这事你一点都帮不上忙! 你不可能睁着眼睛打喷嚏，是因为大脑让眼睛闭上的。那是一种本能反应，可能是为了保护眼睛，避免喷出的微生物进入。不过这不是定论。

你知道吗? 打喷嚏时从鼻子里喷出的细微物质，速度可达每小时100公里呢!

唐·哈珀（Dawn Harper）是一名全科大夫，在电视节目《尴尬的身体》（*Embarrassing Bodies*）中她帮助过许多身染难以启齿疾病的人。

64. 如果抓住好多的气球，我能飞离地面吗？

提问者：本杰明，7岁

回答者：乔纳森·特拉普 集簇气球旅行家

你能。如果有足够多的氦气球，你就可以飘离地面。实际上，你可以直入云霄，抵达静谧、幽蓝的天际，只要你有足够多的气球。也许你的胳膊挺累的，所以最好用吊椅、吊带或吊篮什么的载着你，把氦气球连在它们上面就行了。要是用小气球就得很多很多个，用大个的气球则会简单很多。

在飞行之前，我觉得你首先得成为个飞行员，还要学习辨别风向。那样，你就可以利用自己的知识，乘风驶向神秘的目的地了。那是怎样的历险呀，在辽阔的天空里，在空旷、无际的碧蓝中，你只靠着清风、氦气和希望，便能悠游天下了。

乔纳森·特拉普（Jonathan R. Trappe）保持着乘氦气球飞行最长时间的世界纪录：13小时36分钟57秒，共飞行了175公里，所乘坐的一共是57个气球。他希望能坐在救生艇里，由成百个气球吊着飞越大西洋。

65. 我的脑子那么小，如何能存下那么多信息？

提问者：汤姆，9岁

回答者：乔舒亚·富尔 科学记者

成年人的大脑只有 1.4 公斤重，却是由 1000 亿个微小的神经元组成的。每个神经元的样子就像一株多杈的小树，它的枝杈向外伸出，与别的神经元相接触。每个神经元与其他神经元都有 5000 到 10000 甚至更多个连接点，于是，总的连接数量超过了 500 万亿！一份记忆本质上就是神经元间彼此连接的一种模式。

你的每份回忆、每次思考，都会改变那个巨大网络的某些连接，从而改变你的大脑。在你读到现在这句结尾时，就会产生新的记忆，那意味着你的大脑已发生了实实在在的改变。

乔舒亚·富尔（Joshua Foer）写过一本名为《与爱因斯坦月中漫步》（*Moonwalking with Einstein*）的书，内容是关于人类大脑潜能的。

66. 为什么罗马人总是四处侵略？

提问者：凯蒂，9岁

回答者：汤姆·霍兰 历史学家、作家

罗马人不断侵略四方是由于他们特别擅长此道。实际上，他们侵略的次数越多，便越是强大。因为罗马人在征服各地的人民后，通常会把他们变成罗马的同盟者，让他们加入自己的队伍。

时间久了，这些罗马的同盟者也就成了罗马人。首先是罗马临近城邦里的人成了罗马人，然后是所有意大利人，然后是意大利半岛以外的人。最后，罗马人从一个小城的少数公民变成了数百万人。它获得的人口越多，侵占的地方也就越大；侵占的地方越大，获得的人口也就越多。

最终，罗马帝国毫无悬念地成了世界上最大的国家！

汤姆·霍兰（Tom Holland）书写的都是历史上激动人心的时代，如《卢比肯河》（*Rubicon*）写罗马时代，《波斯的火焰》（*Persian Fire*）写公元前500年波斯与希腊的战争。他最新的作品《刀光剑影之下》（*In the Shadow of the Sword*）写伊斯兰帝国的兴衰。

67. 哪些动物去过太空？

提问者：泰勒，9岁

回答者：珍妮·马德 科学记者

1946年，科学家首次将一只气球释放到大气层的上层，借以研究辐射对果蝇的影响。此后，恒河猴、黑猩猩、狗以及兔子都乘飞船进入过太空。去过太空的其他动物还有：老鼠、乌龟、水母、海藻、无数的昆虫和数以千计的蠕虫。

在人类进入太空之前，已利用动物测试了生物体对于辐射、失重以及晕动症（Motion sickness ）的适应能力。所以，动物才是真正的太空先驱者。

在这些动物中，有一只叫“奈费尔提蒂”（Nefertiti，或者叫“奈费”Nefe）的勇敢的蜘蛛值得一提。她在2012年6月21日乘坐一艘日本的无人飞船进入太空。在国际空间站，她花了3个月的时间捕捉果蝇，在返回地球前，一共在外太空飞行了6700万公里。研究者说，她对失重的适应能力非常出色。

“奈费”只有铅笔的橡皮头大小，黑色的身体，腹部有一个亮红色的斑点。她有两个大大的、向前看的眼睛，使她能很好感知猎物的纵深。她是只跳蛛，捕猎时能够像狮子那样一跃而起，用前爪抓住猎物，将前牙刺进猎物身体，最后把毒液注进去。她喜欢抓果蝇，但最喜欢吃蟋蟀。

在太空的失重环境下，她的行为发生了改变。她是悄悄爬向猎物，而不是一跃而上。再一个有趣的现象是，它在太空舱里吐的丝更多，以便在失重的情况下将自己稳定住。

回到地球后，它在华盛顿自然历史博物馆的昆虫园里过起了退休生活，2012 年 12 月 3 日，动物管理员发出了一条令人伤心的信息："抱歉，我们觉得奈费去世了。"奈费确实死了，它活了 10 个月。星期四时它还在吃蟋蟀，颜色看起来也非常棒，但到了周日，它离世了。它所属的菲蛛属(Phidippus)跳蛛平均寿命是大约一年。

再见，小宇航蛛，你干得很棒。

珍妮 · 马德（Jenny Marder ）是一位科学编辑，美国 PBS 电视台的制片人。她喜欢涉及科技方面的大问题，尤其喜欢写作有关大脑、电脑病毒和星际飞行方面的题材。

68. 人老了为什么会长皱纹？

提问者：阿米纳，9岁；凯拉，8岁

回答者：马克斯·彭伯顿博士 医生、作家

皮肤有点像橡皮筋，是有弹性的，这是因为皮肤中含有一种叫“胶原蛋白”的物质。当人微笑或者皱眉时，皮肤下的肌肉会收缩以产生表情变化，这使得皮肤产生褶皱。但当肌肉放松后，由于胶原蛋白的作用，皮肤就会反弹，恢复成原样。

当我们越变越老，皮肤里胶原蛋白的数量会逐渐减少，皮肤便也不能回弹如初。随着时间的积累，皮肤褶皱的地方就会留下一道一道的线，这就是皱纹。

有些人不喜欢皱纹，觉得皱纹看起来显老。但我觉得皱纹很有趣，每一道都讲述着一个故事：你听到的每个笑话，或是每一次被逗得捧腹大笑，都慢慢地刻在了脸上。那些脸上布满皱纹的人往往经历过有趣的人生，看到一个眼角满是皱纹的老人，你就可以知道，他想必非常有趣，因为那些皱纹正是欢笑留下的印记。

我妈妈的皱纹很多，她说那完全是由我造成的，因为我在学校相当顽皮，使她常常眉头紧锁。下一次观察一下你妈妈、爸爸的脸，留意一下上面的皱纹，再问问他们，哪些皱纹是你给他们留下的。

马克斯·彭伯顿（Max Pemberton）是一位医生，也是记者和作家。他是《每日电讯报》和《读者文摘》的专栏作家，也为《星期日邮报》撰稿。他写过3本书，最近的一本是《医生马上到》（*The Doctor Will See You Now*）。

69. 什么使得赫斯顿·布鲁门撒尔想当个厨师?

提问者：鲁卡，11岁

回答者：赫斯顿·布鲁门撒尔 厨师

我16岁时，父母带我和姐姐去了法国普罗旺斯的一家餐厅。那是家米其林3星餐厅，这样的星级在烹饪界是最高的，所以食物自然非常棒：烤好的乳羊要拿到餐桌旁现切，蛋奶酥会配上龙虾汁。不仅仅是食物，所有的一切都如此打动我：空气中弥漫的薰衣草的气息，草从里昆虫发出的吱吱鸣叫，阳光照在脸上温暖的感觉。

那就像是所有感官参与的一场“秀”——视觉、听觉、嗅觉、味觉、触觉——我猛然觉得，我也想参与那样的“秀”。我想做的食物，不仅要美味，而且能够激荡起人们的情感，使他们欢笑、沉思或者感动。

经过了10年的艰苦努力（无数次的练习），我才开了自己的第一家餐厅，从那之后，我都一直努力将心目中的菜肴端上餐桌。

赫斯顿·布鲁门撒尔（Heston Blumenthal）发明了蜗牛粥和培根鸡蛋冰淇淋，他自学成才，喜欢尝试非同寻常的风味和烹饪技巧。

70. 为什么屁可以燃烧?

提问者：卢克，9岁

回答者：格雷格·富特 冒险科学家

哈哈！我喜欢这个问题。屁是一种简单的气体，在你的肠道中逐渐积累，然后排出体外。有些屁是闷声不响的，而有些则声若惊雷。屁的动静来自于放屁所引起的括约肌的振动。

屁由不同种气体组成。一些是你吸入的空气（到达肠道的主要是氮气），其他的气体，比如氢气、甲烷气、二氧化碳等是肠道中的细菌在消化食物中的糖类时产生的，正是这些甲烷和氢气使得屁可以燃烧。屁燃烧时呈现出黄色或蓝色的火焰（蓝色火焰非常少见）。不过，自己可别去试，我知道有些这样试过的人把自己烧得够呛。

额外爆点料：如果屁中含有硫就会特臭，所以吃那些富含硫的食物（比如鸡蛋、肉类）产生的屁才真叫“臭不可闻”！

回答者简介见 51 页。

71. 潜艇可以潜多深？

提问者：阿利克谢，10岁

回答者：詹姆斯·内斯特 深海探险作家

确切的数字是 10994 米。实际上，潜艇还可以潜得更深，但海床挡住了它。10994 米是地球的最低点，就是把世界最高峰（珠穆朗玛峰）装进去也露不出头！

历史上只有 3 个人下到过那个深度，那里的压力超过了地面上 1000 倍。我们可以做个形象的比较，想象一下你的大脚趾承受着整个埃菲尔铁塔的重量（老天呀！），再想象数百座埃菲尔铁塔均衡压在你的每一寸身体上（我的老天呀！）。如果你潜到 10994 米的深海处就是那种感觉。（其实，只消潜到千把米深，你的脑袋恐怕就给压爆了。）

为了顶住这种难以想象的压力，防止潜艇被挤得粉碎，潜艇外壳要由好几厘米厚的钢、钛金属或玻璃构成。有兴趣到深海转上一圈吗？你运气不错，美国佛罗里达州的一家公司宣称，在未来十几年里，他们可以用一个大玻璃球把游客送到地球上最深的海底，不过每个座位要收费 5 万美元。现在就开始攒钱吧，还要记住：别太心急了！

詹姆斯·内斯特（James Nestor）白天大部分时间待在海里，晚上则给《户外》杂志、《男士月刊》《纽约时报》等写稿子。他的作品《深处》（*Deep*）即将出版，讲述的是大海最深处的方方面面。

72. 为什么雄海马能生孩子?

提问者：艾利诺尔，7岁；杰克，10岁

回答者：达芙妮·费尔贝恩博士　生物学家、作家、教授

雄海马生孩子显得挺古怪的，但却是海马增加幼子成活机会的一种方法。多数雌鱼产卵后就会离开，让卵自行孵化。鱼卵是许多动物的美食，所以在孵化前大部分都被吃掉了。海马却进化出一套保护自己卵的策略。

雌海马将卵产在雄海马尾部下方的一个特殊袋囊里，卵在里面发育，并得到雄海马的保护，甚至还可以为它们提供某些营养，帮助发育中的卵存活和生长。当卵孵化成熟后，海马就会收缩袋囊，将小海马挤出去，这样它们就可以游走了。

这种父亲的关爱增加了后代的成活概率，也解放了雌海马，让它能进行下一轮的产卵。通过雄海马的“怀孕”，使得海马可以在危险的环境里成功繁衍后代，也让雌海马和雄海马都从中获益。

达芙妮 · 费尔贝恩（Daphne Fairbairn）始终热爱研究自然环境中的动物，长期与老鼠、虫子和蜘蛛为伴。早些年，她曾研究过各种动物雌雄间的差别，最近的新书仍在探索这个问题，书名为《古怪的伴侣——动物王国里性别间的奇特差异》（*Odd Couples: Extraordinary Differences between the Sexes in the Animal Kingdom*）。

73. 为什么某些人特别爱招蚊子咬？

提问者：夏洛特，8岁

回答者：罗伯·希克斯博士　全科医生、医学记者、主持人

蚊子的嗅觉特别灵敏，我们身体分泌的许多化学物质都能吸引蚊子。其中的一种化学物质便是我们呼出的二氧化碳，蚊子把它当作“指示牌”，引导它们发现食物。女性和体型大的人往往呼出更多的二氧化碳，所以蚊子更容易发现他们。

就像你偏爱某些食物而不喜欢另一些食物一样，蚊子对某些化学物质也有偏好。当蚊子凑近某人时，它会辨别那人身体所散发的化学物质是否是它喜欢的类型。就好比挑选比萨饼，如果你喜欢奶酪、番茄和肉肠，比萨饼上正好有那些东西，你便想吃那个饼；相反，如果比萨饼上的东西你并不喜欢，你很可能去另找别的食物。所以，如果你身体分泌的化学物质蚊子喜欢，它们就会扑向你。

有些人会产生一些蚊子不喜欢的化学物质，这就好像套上了防护罩，让蚊子不愿靠近，它只好飞去咬别人了！

罗伯·希克斯（Rob Hicks）是一位医生，也是作家和BBC的医学顾问。他经常出现在广播与电视中，长期在电视台主持“今天早晨”（*This Morning*）节目。他喜爱骑车和唱摇滚歌曲。

74. 为什么纽约被叫作大苹果?

提问者：艾伦，10岁

回答者：菲利普·古登 字源书籍作家

美国有个古老的说法“to bet a big apple”（赌一个大苹果），意思是说，说话的人对自己所说的话非常相信。大约在100多年前，纽约的赛马比赛开始被称为“大苹果”（big apple），这样叫或者是因为那里是最重要的赛马中心，或者是因为比赛奖金的价值。此后，这个说法使用得越来越宽泛，最终被用来描绘纽约市本身了，因为那个时期，纽约是世界上最刺激、最新潮、最有魅力的城市之一。

又过了一阵子，广告商开始大量使用这个词，并加上了一个巨大的、光鲜的、完美的大苹果画像，他们意识到这能很好地吸引人们来纽约参观。也的确是这样：纽约就像一个世界上最大的苹果，它熠熠生辉，引得每个人都想尝上一片。

菲利普·古登（Philip Gooden）写作语音方面的书籍，其中包括《谁是谁的？》（*Who's Whose*？）《英语的故事》（*The Story of English*）以及一些莎士比亚时代的神秘小说。他在博客里也常常谈论一些词汇方面的问题。

75. 为什么飞机在天上不会相撞?

提问者：佛比，5岁

回答者：布赖恩·克莱格 科普作家

路上的车太多，发生相撞并不稀奇。不过，天上并没有太多的飞机同时飞行，它们有足够的空间飞来飞去。两架飞机的飞行高度至少要相差300米，如果它们处于同一高度时，则要距离5公里远。

为了确保万无一失，航空交通管理员会始终用雷达监视每架飞机的动向，使它们保持安全的航线。航班的驾驶员也使用雷达，还使用一种特制的“交通警示及免碰撞系统”，它可以通过电台自动通告附近的飞机，使它们不要靠得太近。

军用飞机偶尔会撞机，因为它们飞行时常常仅差几米的距离——但相撞的情况仍属于例外。

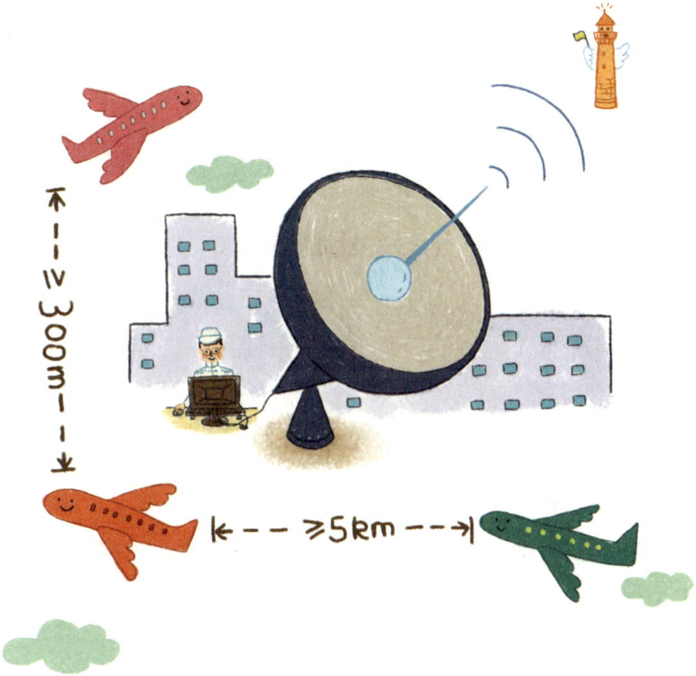

回答者简介见 59 页。

76. 我们如何学说话?

提问者：伊桑，7岁

回答者：加里·马库斯教授 认知学家、作家

谷歌、苹果以及微软公司里最棒的科学家与工程师们至今还没有想出办法造一台机器，它能学会像人一样说话。学习语言就像是破解密码，这是人类做过的最了不起的事情之一。

为了学会说话，首先要发现语言里的词汇。词汇听起来像什么？每种语言都有差别。仔细听一种外语你会发现，有时甚至连找出别人说的单词都很困难。

第二步是搞懂词的含义。用于简单物体的词，比如“杯子”、“球”，比较容易，因为父母可以指给你看；但有些词，像“瞌睡”、“想法”，就复杂多了，因为没法直接指出来。

第三步是理解那些词是如何组合到一起的。一句话，比如“男孩喜欢女孩”同另一句话“女孩喜欢男孩”，仅仅是调换了词的顺序，意思就大不相同。把这点搞明白可是件了不起的成就！

最神奇的是，无须任何人的帮助，孩子就能大体搞懂语言是怎么回事。儿童与生俱来就有学习语言的本能，就像鸟儿生来就有学习飞翔的本能一样！

加里·马库斯（Gary Marcus）是纽约大学的心理学教授、语言音乐中心主任。他为《纽约客》撰稿，他的书关注思维和大脑的起源与发展，包括《思维的诞生》（*The Birth of the Mind*）、《胡拼乱凑》（*Kluge*）、《零起点学吉他》（*Guitar Zero*）。

77. 人如何从眼睛里喷出牛奶？

提问者：本，10岁

回答者：伊尔克·伊尔梅兹 喷牛奶冠军

我保持着从眼睛里喷射牛奶最远的世界纪录。我怎么做到的呢？我先把牛奶吸进鼻子，然后捏紧鼻孔使劲用鼻子呼气（就像擤鼻子那样，但始终捏紧鼻孔），压力会迫使牛奶穿过泪管（一条从鼻腔通向内眼角的通道），然后喷射出去。我喷射牛奶的记录是 2 米又 79 厘米又 5 毫米，我能喷得如此远是因为我左面的泪管比多数人都宽一些。

人人都有泪管，它从眼睛通往鼻子，内部全都是相连的。所以，当你哭的时候，鼻涕也会流个不停，因为一部分泪水跑到了鼻腔里。如果你对着镜子盯着自己的眼睛，你会看到每条眼睑的内角处都有一个小点儿，上下各一个，那里就是泪管的出口。

医生会告诉你，用眼睛喷牛奶可不好，你自己就别尝试了，会引起感染或毁坏眼睛的，而且牛奶也可能进耳朵里。不过，我希望我的回答能使你高兴。

伊尔克·伊尔梅兹（Ilker Yilmaz）保持着一项最为疯狂的世界纪录，这位土耳其建筑工人能用鼻子把牛奶吸进，然后让牛奶从左眼喷射到 2 米开外。请别在家自己模仿，也别在学校模仿。

78. 什么导致了食物中毒？

提问者：爱丽丝，11岁

回答者：阿吉·麦肯齐 丑闻侦探

细菌到处都有，但多数都是无害的：它们布满我们的身体，我们也需要用它们来维持健康、抵御疾病。

有害的细菌，比如弯曲杆菌（campylobacter）与大肠杆菌（E. coli）生活在人的肠道和粪便中——它们最好一直待在那儿！但假如它们到了你的胃里（通过你的口），你就会生病。举个例子，如果鸡肉或肉酱烹调得不彻底，上面的病菌未被杀死，它们就会不断繁殖。

新鲜食物如果冷藏时温度不够低，细菌也会在上面繁殖；如果准备食物的人得了病，或没有好好洗手，病菌就会沾染到食物上，等你吃下肚子，它们就会让你得病。食物中毒的症状通常是呕吐和腹泻。

细菌带来的麻烦在于你看不到病菌，所以经常容易忽略它们。避免食源病菌伤害的重要方法是，在便后、饭前或准备食物前，用温水与香皂正确洗手，然后用干净的毛巾擦干。

阿吉·麦肯齐（Aggie MacKenzie）首次以丑闻侦探身份出现在荧屏上，是在“你的房间有多干净？”（*How Clean Is Your House*？）节目中。如今她在节目“囤积癖者”（*Storage Hoarders*）中，帮助家庭清理堆积如山的杂物。她还定期为妇女杂志供稿。

79. 为什么鲸鱼如此巨大?

提问者：拉瑞，10岁

回答者：王严博士 生物学家

不是所有的东西都能很大。一小块果冻能很好地保持其形状，但房子那么大的一块果冻，就会被自己的重量压垮。这背后的数学道理同样可以用到童话中的巨人身上，他的身体有正常人两倍那么大。这样，他的体重就是普通人的 8 倍多（两倍的高、两倍宽、两倍厚相乘），但支撑他的骨骼只有普通人的 4 倍（骨骼只有两倍宽与两倍厚相乘）。为了避免垮塌的悲剧，巨人的身体里需要更多的骨头。

想变得比现在更大非常困难：陆地上最大动物的尺寸，最终要受到身体支撑能力的限制。但鲸鱼却得到了周围海水的帮助，因为不需要将身体的大部分都用来支撑体重。因而它可以进化得比最大的恐龙还大。

然而，不是所有的鲸鱼都是庞然大物。侏儒抹香鲸（The dwarf sperm whale）只有约 2.5 米长，海豚和鼠海豚其实也是小型的鲸鱼。所以，鲸鱼虽然可以进化得体型巨大，但并非一定如此不可。它们变得更大，想必是曾获得过某些生存的优势。

我们不清楚那些优势到底是什么，不同种类的鲸鱼获得的优势也会不尽相同，但多半应该是与捕食有关。大抹香鲸不仅有更多的肌肉来蓄积氧气，而且可以更有效地使用氧气，这样在猎捕乌贼时便能潜得更深、更久。大型的、靠过滤方式捕食的鲸鱼，比如蓝鲸，可以一口吞下更多的浮游生物，并且可以更长时间地忍受饥饿，这对跨越辽阔空旷的海域，从一个捕食区迁徙到另一个捕食区非常有帮助。在南极大陆和其他大陆分离，或是在 300 万年前的冰河时期，都会导致气候或洋流发生变化，这样的情况很有可能发生。

王严（Yan Wong）是一位生物学家，主持 BBC 电视台的《理论大爆炸》（*Bang Goes the Theory*）节目。他善于把复杂的事物解释得简明易懂。他对生物学充满了热情。

80. 我们感到寒冷时为什么会哆嗦？

提问者：阿什利恩，9岁

回答者：唐·哈珀博士 全科医生、节目主持人

人体需要保持恒定的体温（大约37摄氏度），体温过高或过低都会危害健康。

你感觉寒冷的时候，皮肤下的微小感觉器便会给大脑发送信号，告诉它你需要暖和些，于是，你会给自己加些衣服，把身体裹得严实些。大脑还会向全身的神经系统发送信号，让肌肉快速收缩、舒展，这便造成了颤抖。之所以如此，是因为肌肉通过这样的运动可以产生热量。

一旦你感到暖和过来了，大脑就会再次发送信号让肌肉放松，颤抖便会停下来。

回答者简介见93页。

81. 野雁在呈“人”字形飞翔时怎样选择谁做头雁？

提问者：哈米什，13岁

回答者：威廉姆·法因斯　一本有关雪雁的书的作者

是这样的，如果你观察一队呈“人”字形飞过头顶的野雁，就会注意到飞在最前面的并不总是同一只雁，它们经常变换位置。这或许由于在前面飞要更费力气（因为要直接迎着风，没有同伴帮着遮挡），所以每只野雁都要轮流领头，飞上一阵便退下来休息一会儿。

不过，对此还有另外一种解释。要知道每个人都可能出错，无论是你的爸爸、妈妈，还是你最聪明的朋友，都可能一再犯错。野雁也是如此，领头的雁要依据自己脑中的地图为大家带路，万一那只雁搞错了呢？每只雁对于飞行的方向都有自己的看法，如果大家轮流领路的话，其中的一只带错了路就没那么可怕了，因为别的雁会进行纠正。通过轮流领飞，野雁可以更好地找到回家的路。

威廉姆·法因斯（William Fiennes）在20几岁时曾患过严重的疾病，他通过阅读有关鸟类的图书获得了很大慰藉，并从此痴迷上了野雁。康复之后，他收拾行囊，远行3000公里观察野雁的迁徙，然后写出了一本极漂亮的书——《雪雁》（*The Snow Geese*）。

82. 胎儿怎么选择自己是男孩还是女孩呢?

提问者：艾玛德，5岁

回答者：拉德哈·莫吉尔博士 全科医生、医学记者、主持人

一位妈妈的体内每个月都会产出一个圆圆的卵子，但卵子只有碰上爸爸的精子才能生出孩子来。

精子样子有点像蝌蚪，能从爸爸的身体里很快游进妈妈的身体里。卵子和精子里都保存着一包叫染色体的信息，就像一份代码那样。正是这包信息决定了将来出生的婴儿是男孩还是女孩。

每个精子里要么含有一组X染色体代码，要么有一组Y染色体代码，而卵子里只含有X代码。精子和卵子会在妈妈的子宫里相遇，如果最先碰到卵子的精子含有X代码，生出的将是女孩（XX）；如果含Y染色体的精子第一个碰到卵子，则会生男孩（XY）。

所以，胎儿真的是身不由己，是男是女完全随机！

拉德哈·莫吉尔（Radha Modgil）是一位医生、电视主持人和健康专栏作家。她出现在许多节目中，包括《性教育》(*The Sex Education Show*)、《永葆青春》(*Make My Body Younger*)。她最新的电视节目是教人们如何对付粉刺。

83. 我们能到其他行星上居住吗?

提问者：玛蒂，10岁

回答者：克里斯托弗·赖利教授 科普作家、主持人

要回答这个问题得先好好想想：你现在生活在地球上都需要些什么东西。

在读完上面那句话时，你大概吸入了不到一升的空气，其体积大约等同于成人两个拳头那么大。要是现在你不是坐着而是在活动，你吸入的空气还会更多。空气里21%是氧气，剩下的几乎全是氮气，以及其他的微量气体。氧气对于生命和健康是最重要的。

为了保持健康，你今天还要喝2到3升水，也要吃足够的食物给身体提供能量，大概是2到3公斤的食物吧，不过要取决于你喜欢吃的是什么。

再有些其他的、不那么显眼的东西，它们使你现在感到挺舒适的。你大概喜欢周围的气温15摄氏度左右吧，或者再暖和一点?如果天冷了，你当然可以套上件毛衣什么的，但关键是适宜生存的温度范围是很窄的。

环绕你的空气给你施加了一个大气压的压力（也就是每平方厘米的皮肤要承受1公斤的空气重量），少了这份压力，你将呼吸困难，并且你的眼球以及皮肤里的液体，在极低的气压下会沸腾，那可不好玩呀！你也不会喜欢过强的阳光，或者来自太阳及其他恒星的射线（比如 X 射线、伽马射线）。地球的大气层和磁场将太空里的许多东西挡住，保护我们免受伤害。

人类的生存需要上述的条件，因为我们是在这些条件都具备时开始在地球上演化的。所以，除非别的行星也具备相同的条件，有足够的空气、水和食物，否则我们不可能在那里生存。

不过且慢，还有个变通的方法。工程技术能使我们在不具备条件的行星上生活，就像 20 世纪 60 和 70 年代那样，人们设计制造的太空服让 12 个人能到月球上行走与探险。

上面列出的生存必需品月亮上一样都没有，所以阿波罗登月时人们只好随身带上。宇宙飞船里携带了充足的食物、水、空气、能量和护具，足够宇航员离开地球长达 12 天以上。太空服给宇航员提供了生存必需品，使他们可以在月球上漫步。所以说，人类已在外星球生活过一小段时间了，兴许某天，人类还会再度尝试。

克里斯托弗·赖利（Christopher Riley）的作品集中在天文学和太空飞行方面，他是这一领域的专家。

84. 为什么猫落地时总能脚着地?

提问者：康诺尔，12岁

回答者：西丽亚·哈登 作家、专栏作家

猫在下落时可以扭转身体，因而总能以脚着地。如果跌落的高度非常低，猫也许来不及翻转，但只要高度够（比如 1 米左右），即使四脚朝天跌落，它也能转过来以脚落地。只用半秒钟时间，猫就可以将身体整个转过来。

猫是怎么做到的呢？首先，猫的身体中部微弓，前腿缩紧，后腿伸直，这使它在后半身仍朝上的情况下前半身扭转朝下。接下来，猫伸出前腿准备着地，并缩紧后腿，让整个后半部转过来，使四脚都朝下。

千万别把你的猫从窗子里往外扔！即使它能四脚着地，落地时的冲击力也可能会弄断它的腿或肋骨。

西丽亚·哈登（Celia Haddon）是一位作家，写过《猫的坏行为》（*Cats Behaving Badly*）《猫的 100 种整人方法》（*One Hundred Ways for a Cat to Train Its Human*）。她最近正在给自己的宠物猫写传记。

85. 指甲是从哪儿来的?

提问者：莎瓦娜，10岁

回答者：爱丽丝·罗伯茨教授 解剖专家、主持人

这个问题有好几个答案。多数哺乳动物都有尖爪，但灵长类动物（包括我们人类）长出的是扁平的爪，或者说：指甲。在出生之前，当你还是个小小的、发育中的胚胎时，胚胎的外层细胞（被称为外胚层）就形成了指甲，同样由外胚层形成的还有皮肤、牙齿的釉质，以及大脑和脊髓。

指甲能不停地生长，所以你需要把它们剪短。在指甲根部有一组特别的细胞，（就在白色的、半月状弧影下方）可以不断生出新的指甲细胞。即使你的指甲受损，甚至整个掉了，只要那些特别的细胞完好无损，手指也能另长出一个指甲来。

爱丽丝·罗伯茨（Alice Roberts）一直对人体解剖和进化极感兴趣，她在伯明翰大学教授解剖学，同时喜爱通过演讲、写书和主持电视节目向公众传播科学知识。她最近出演的电视节目为《难以置信的人体之旅》（*The Incredible Human Journey*）和《我们的起源》（*Origins of Us*）。

86. 我们如何知道世界上有多少人？

提问者：詹姆斯，10岁

回答者：汉斯·罗斯林教授 医生、统计学家

因为人们都已经被统计过了。起码每隔 10 年，每个国家都会统计自己的居民，通常是将一个国家分成若干小区域，然后每个区域都让一队学生挨家拜访所有的家庭，记下每个家庭的所有成员。

人口就是用上面的方法统计出来的，通过统计我们知道世界上现在大约有 70 亿人（就是 7 000 000 000 人呀）。根据联合国人口署专家的估计，这一数字在 2050 年有望升到 90 亿，也就是说，未来的 30 多年里地球人口会增加 20 亿。

不过你猜怎么样？这些专家还告诉我们，未来每年出生的婴儿数量并不会增加，其实从 2005 年起，全世界在世儿童的总量就没有增加过。如今，全世界 15 岁以下的儿童数量大约为 20 亿，在 21 世纪剩下的时间里，这一数字将大体保持。

既然 2050 年人口要达到 90 亿人，那么增长的 20 亿人从哪儿来呢？看一下你的周围：增长的人其实已在你身边了！每年出生的婴儿数量也许不变，但世界上的人口却会越来越多，因为在世的人口不断增多，而离世的老人（比如像我这样 1940 年代出生的人）却没有像增长的人口那么多。

汉斯·罗斯林（Hans Rosling）为了统计发展中国家的健康状况而四处奔波，他是 Gapminder 网站的联合创始人，喜欢将看起来无趣的事情（比如：统计）搞得生趣盎然。

87. 有人曾爬上过每一座高山吗？

提问者：桑迪，11岁

回答者：帕特里克·莫罗 登山家、摄影家

世界上有成千上万座山，一个人都爬遍是不可能的。不过，我攀登过其中一些最高的山。和你一样，我也对旅行和登山很好奇，因此在1983年，我打算去攀登所有七大洲的最高峰：亚洲的珠穆朗玛峰、南美洲的阿空加瓜峰、北美洲的麦金利峰、非洲的乞力马扎罗峰等等。

在旅行中，我遇到了许多住在山里的人，他们都很有趣，我把他们都拍摄了下来。当然，在登山的过程中，所见的许多景象令我日后还想再度目睹。我最喜爱的山峰之一是乞力马扎罗山，因为登山的过程也是经历世界上所有主要气候类型的过程：从山脚的热带雨林到山顶的高山荒原。

即使不爬山，只是来到登山营地都会令人激动，尤其是那些坐落在荒野里人迹罕至的营地，更不枉费你跋涉的辛苦。

山上融化的积雪和冰川是世界上饮用水的主要来源，所以，尽可能保持水源地的洁净非常重要。群山能让你精神抖擞，其中的山林则为人们和所有的生灵提供新鲜的空气。

帕特里克·莫罗（Patrick Morrow）是一位加拿大登山家、摄影师。40年前他驾驶着一辆破旧的绿色货车开始了冒险旅行，并爬上了世界每个大洲的最高峰。他写过两本书，一本是《珠穆朗玛峰》（*Everest*），一本是《超越珠峰》（*Beyond Everest*）。

88. 谁更可怕，维京人还是凯尔特人？

提问者：里普利，7岁

回答者：内尔·奥利弗 考古学家

在法律和警察出现之前，世界上到处都非常可怕，每个更能打斗或拥有更好武器的人都令人恐惧。

不过有趣的是，很难说凯尔特人或维京人真的存在过。维京（Viking）原本只是个动词，指的是人的行为，而不是人本身。大约1000年前，丹麦人、挪威人和瑞典人喜欢驾着一种长而窄的船外出冒险，他们管这叫作“去维京”，但却不会称自己是维京人。

凯尔特人是老师们爱用的一个词，用来描绘约1500年前居住在欧洲的所有人，那时罗马帝国占据着大部分欧洲，几乎没给其他人留下什么地方。要知道，美洲人或亚洲人会把你称作欧洲人，但恐怕你不会这样称呼自己。你会说自己是苏格兰人、威尔士人或者康沃尔人，或者其他一个对你来说更明确的名字。

至于你的问题，我想说的是：当时，最强壮、最勇敢、最迅捷、更狡诈的人更为可怕。

内尔·奥利弗（Neil Oliver）是考古学家和历史学家，还是BBC电视台的常客。他最新的作品书名为《维京史》（*Vikings: A History*）。

89. 为什么鲜花很好闻？

提问者：路易，3岁

回答者：阿里斯·富勒尔　园艺作家、主持人

当你闻一朵美丽芬芳的鲜花时，你想做的一切就是闻了又闻。那其实正是鲜花想要的，只不过鲜花对你不感兴趣，它真正想吸引的是能帮它授粉的动物，例如蜜蜂、蝴蝶、甲虫和小鸟。

你会问：为什么花儿需要授粉者的来访呢？你是知道的，植物没有脚。如果植物想找个伴侣以传递花粉、产生种子，它就需要点帮助，这便要用到昆虫或小鸟之类的授粉者了。这些小动物知道，哪里香气浓，哪里就有美味——甜丝丝的花蜜、花粉，或者植物的其他可食部分。

植物用美味引来授粉者，然后将一些花粉粘在它们身上，当它们再到别的花上觅食时，花粉就传到了那朵花上。这意味着两朵花间的授粉完成，新的种子就要产生。

不是所有的花都好闻，有一类天南星科的植物会散发出腐肉或粪便的气味，当它们开花时，难闻的气味让人难以靠近。它们之所以发出如此味道是为了吸引屎壳郎来为它们传粉，那令人作呕的气味对屎壳郎来说却是绝妙美味。

回答者简介见13页。

90. 哪种形状拥有的边最多？

提问者：伊桑，8岁

回答者：马库斯·索特伊 数学家

圆。

这可能是个奇怪的答案，不过在数学家眼里，圆形有无数条边。

一个三角形有 3 条边，方形有 4 条，五边形 5 条，六边形 6 条……可以这样一直加一个数加一条边数下去。如果一直加下去，并把每个形状都画在纸上，那些边便越来越难以看清楚。一个形状的边越多，它便越像个圆。所以，圆形的边是无数的。

通过把圆看成是由许多边组成的形状，数学家才首次算出了一个非常重要的数值——圆周率（π）。

π 的值是由圆的周长除以直径得出的，也就是绕着圆的边缘走一圈的距离除以从圆的一侧到对面另一侧的距离。无论大圆还是小圆，π 的值都是相同的。

古希腊数学家阿基米德围绕着一个圆圈画了个 96 边形，运用几何学，他量出了 96 边形的周长，然后他用此周长除以圆的直径，得到的答案是：$22 \div 7$。

这样便得出了一个 π 的估计值，这个值如今许多工程师都在使用，但它只是一个近似值，并不很准确。有关 π 的一个最伟大发现是知道了它没有尽头，这个小数从开始的 3.14159……一路下去，没有尽头，也不重复。

马库斯·索特伊（Marcus du Sautoy）是牛津大学的数学教授，他做了许多关于数学的节目，其中包括《代码》（*The Code*）。

91. 为什么我们需要书?

提问者:欧提莱,9岁

回答者:玛丽亚·波波娃 作家

没准有些人会说,有了互联网我们就不再需要书了。别信他们。书能帮助我们了解别人,了解世界的进程和运转方式,能帮助我们更深入地了解自己。这些同你在什么上阅读无关,你阅读时所倾注的好奇心、真诚以及永不枯竭的创造力才是关键。

书籍建起了通往他人生活的桥梁,将书中的角色以及跨地区跨时代的无数读者同你相连,你的精神因此得到提升,你的生活也将过得更加扎实稳固。透过书籍这架"望远镜",你能够观察他人的心灵,通过这样的观察,你也开始更加清晰地看清自己心灵的纷扰。

虽然书的形式在不断演变,但它的灵魂却永世不改;即使"望远镜"可以不断改进,但你从中得以窥见的世间真理却如宇宙一般永恒。

在很多方面,书籍就是原始的互联网——每件事实、每个故事、每点新鲜的信息,都能链接到另一本书、另一个想法,就像钻进了那个古怪的兔子洞一般,在文字的世界里打开了一扇又一扇的门。如同你常去的网页那样,一张张书签带你返回那些你渴望重温的章节,去重新体验,去重新感悟,去发现新的意义。这是因为,生活中的每个经历都在改变、更新并重塑着你的人生面貌。

玛丽亚·波波娃（Maria Popova）是 brainpickings.org 网站的创始人和主要编辑。在这位生于保加利亚现居纽约的女作家身上，勤奋工作被体现得淋漓尽致。她每月花在 brainpickings.org 上的时间为 450 小时，每周阅读 12—15 本书，每天发表 3 篇文章……她毕业于宾夕法尼亚大学，上学期间，为了挣取学费，在满负荷的学业之外，她还做 4 份兼职。

92. 海洋中最危险的动物是什么？

提问者：波比，8岁

回答者：保罗·斯内尔格罗夫博士 海洋生物学家

你可能觉得鲨鱼是海洋中最致命的动物，但要是我开列一份名单，我并不会把它放在前面。

找出谁是海洋中最危险的动物非常困难，因为那既要看你怎样定义“危险”，也在于人们是否擅长躲开那种动物。举个例子，许多人认为盒水母（box jellyfish）是海洋中毒性最大的动物（它的外号叫海黄蜂），可一旦发现它们时，人们通常可以关闭海滨浴场。热带海域里的石鱼（stonefish）也有毒，踩上它的刺可以置人死命。

还有一些动物是你吃它们时可能致命。河豚——许多人放在寿司里生吃，如果处理不好没有移除有毒的肝脏，就可能毒死人。好在料理河豚的厨师都经过了特别培训，所以中毒的事情很少发生。

微小的毒性腰鞭毛虫（dinoflagellate）还没有一毫米大，可以被蚌类等软体动物吃下，并在它们的身体中积累。如果人吃了这种被感染的海蚌，最严重的可能导致死亡。你看，小动物也能致命，甚至比大动物更厉害。

保罗·斯内尔格罗夫（Paul Snelgrove）专门探索海洋中的生物。他编纂了一部囊括540种海洋动物的书，名为《海洋生物普查大发现》（*Discoveries of the Census of Marine Life*），如果你在书中仔细查找，没准儿能发现《海底总动员》中的小鱼尼莫（Nemo）。

93. 得挖多深才能找到恐龙骨头？

提问者：索菲亚，10岁

回答者：保罗·巴雷特博士 恐龙专家

挖掘恐龙骨头的科学家被称为古生物学家，他们通常在悬崖和山坡上寻找那些已经暴露出来的化石。在被埋了上百万年后，由于自然侵蚀的作用——成年累月的风吹雨打以及动物的活动带走了土壤，植物根部的生长慢慢破碎了岩石，那些骨头露出了表面。

一旦骨头出现，古生物学家便在周围及下面挖掘，把它们取出来。挖掘的深度取决于骨骼的大小：大的动物需要在它周围一米左右挖一个深坑，小的动物需要挖的坑则要浅一些。

在没有什么痕迹显露前，古生物学家极少掘地寻找化石，那样可能会花费大量时间和精力却一无所获。

回答者简介见71页。

94. 婴儿是用我们平常的词汇来思考还是他们另有自己的语言？

提问者：艾默桑，8岁

回答者：查尔斯·弗尼霍夫博士 心理学家、作家

婴儿在有些方面显得理解力特别强。比如，他们似乎能大体理解某些东西是什么、怎么回事，甚至对数目也有一定的领悟。不过，一些心理学家怀疑婴儿是否真的能像大孩子和成人那样思考。

当我们提到思考时，往往是指用语言同自己说话。比如，想事时，我注意到自己脑子里有一个声音在提出问题并做出回答。但在没有学会任何语言之前，你怎么可能思考呢？

没有理由相信婴儿能用另外一套语言思考，相反，是普通语言的发展使得小孩子能够用成人的方式与自己交谈。许多心理学家相信，正是在学会使用语言之后，孩子的智力变得更为强大。起先，孩子会大声说出自己的想法，只需看看一个在玩拼图或玩具的幼儿，你就能注意到这点。这类语言被称为“自言自语”，在思维的发展过程中被认为起了非常重要的作用。

从一定意义上讲，在理解事物方面，婴儿做了一些机灵事，并显示出可观的智力，但是在掌握语言之前，婴儿不能思考。所以说，思考不需要有什么特别的语言，一些普通的词汇就可以。

查尔斯·弗尼霍夫（Charles Fernyhough）是英国杜伦大学的心理学家和作家。他写过一本书，《镜子里的婴儿》（*The Baby in the Mirror*），记录了他自己的女儿出生头3年的经历。

95. 乌龟围着足球场转一圈要多少时间?

提问者：内尔，11岁

回答者：马特·帕克 滑稽数学家

我们先要知道两件事：乌龟跑得有多快？足球场的一圈有多远？我确信，乌龟也和人一样，有的手脚麻利喜欢跑步，有的却只爱读书。再一个问题是乌龟为什么要跑步：是为了健身而闲逛，还是被惹怒后疯狂追赶？乌龟的速度也不是一成不变的，慢逛每分钟能走 3.5 米，疾驰每分钟可前进 8 米。

龟速也就罢了，足球场的尺寸总该一样吧。但它们还真是不一样。根据英格兰足总的规定，足球场可以在长 90 米到 120 米、宽 45 米到 90 米之间任意选择。这样区别可大了去了，意味着球场的周长（各边之和）既可长达 420 米，也可短到 270 米。于是，一只怒气冲冲斗志昂扬的乌龟绕着最小的球场奔一圈只需 33 分 45 秒，而一只懒洋洋的乌龟踱出书房去最大的球场散步，两个小时后才能回来。

马特·帕克（**Matt Parker**）可以使数学非常有趣。他就职于伦敦大学，不仅教授数学，还是一个单口相声演员，他的许多节目在电台上播出，比如《无限大的猴笼》(*Infinite Monkey Cage*)。

96. 人死了头发还长吗？

提问者：加文，12岁

回答者：凯特琳·道蒂 殡葬师、作家

如果你活着（既然你在阅读，便一定是活着的），头发每天都会长一点点。但当你死了，身体的所有日常机能都会停止，心脏会停止跳动，血液不再流动，头发也停止了生长。

几千年来人们相信，死人的头发还在生长，因为这似乎是人们亲眼所见的事情！人们还注意到死人的指甲也会生长。所有人都没法不相信，眼见为实嘛。

然而事实是，人死了头发和指甲都不再生长。死人身体的其他部分在萎缩，人死后身体会脱水，生前丰满湿润的皮肤死后会干瘪，像埃及的木乃伊一般。死人的头发和指甲看起来长长了只是一种错觉，真实的情形是，由于皮肤的回缩使得根部的头发与指甲露出了更多。

凯特琳·道蒂（Caitlin Doughty）是一位居住在洛杉矶的殡葬师兼作家。她主持着一个网站："Ask a Mortician"（"向殡葬师提问"），还与一群艺术家、学者、葬礼从业者一道，致力于改变人们对于死亡的看法。

97. 未来的房子会是什么样子?

提问者：凯特琳，7岁

回答者：凯文·麦克劳德 作家、主持人、设计师

未来（至少在可预见的未来），房子还会和现在的样子差不多。如今的英国已经有了2600万栋房子，人们不会把它们都拆掉的，到2050年，多数房子还会立在原地。但在建筑的外皮之内，将发生巨大的变化。我们正生活在工业革命以来最激动人心的年代，技术的变革影响到人们生活的方方面面。

利用新技术，我们升级老住宅，能使它们更为节能。同时，人们开始建造超级隔热的房子，以便更好地实现冬暖夏凉。我参与建造的房子还添加了诸如太阳能面板、热泵等智能装置，但这些技术在未来10年可能被更有效的产品所取代。

进展中最有趣的领域来自于电脑软件。我们已为房间配备了触摸屏，使你能够控制暖气和通风，查看能量的消耗和水的用量，管理账单，需要时还可以查找公交车时刻表、连接社区局域网、从附近车行租车以及连接周边社区。这些新技术令人激动，它们能帮助我们结识身边的居民，能让我们的生活更加轻松和便宜。

凯文·麦克劳德（Kevin McCloud）是著名电视节目《宏大构想》（*Grand Designs*）的主持人，也是11部书的作者，其中包括《家居43原则》（*43 Principles of Home*）和《宏大构想之最》（*Best of Grand Designs*）。

98. 章鱼放屁吗?

提问者：萨莉，6岁

回答者：乔伊·赖登伯格教授 比较解剖学家

是的！所有动物都放屁，也包括海洋动物。我曾发表过第一张鲸鱼放屁的照片，看起来就像肛门处升起了一连串小泡泡。（鲸鱼的肛门就是肚皮和尾巴之间的一个小洞，粑粑也从那里拉出。）

章鱼可以喷射墨水，或者向前游进时喷水，但这些都不是放屁。一条章鱼放屁时人们一眼就能看出来，水下会升出许多气泡，那是因为屁是由气体组成的。这些气体是由生活在章鱼肠道里的细菌产生的。细菌是非常小的生物，它们并不都会让你生病，一些细菌可帮助你消化食物，对身体有益。

当动物吃东西时，食物经过嘴到达胃再到肠道，这时，生活在肠道里的有益菌便有了一项重要的工作：把食物破碎得更小从而使动物可以吸收。当细菌破碎食物时会产生微小的气泡（你也可以说它们在打嗝或在放屁，不过这很难认定，因为细菌既没有嘴也没有肛门），大量的细菌产生超多的“体气”，汇成一个大气泡，它将作为屁排泄出动物体外。

破碎素食比肉食会产生更多的气体。我曾观察过海牛放屁，它们在放屁上很出名，因为它们只吃水里的植物。素食者放屁多，但肉食者放屁却更加难闻！这在人类也一样。所以，还是多吃些蔬菜吧。还有，下次放屁时别怪自己，怪只怪那些细菌吧。

乔伊·赖登伯格（Joy S. Gaylinn Reidenberg）是纽约西奈山的伊坎医学院的解剖学教授。作为一个比较解剖学家，她对人体和动物投以同样的关注。在电视片《解剖巨型动物》(*Inside Nature's Giants*) 中，她向观众展示了一些特别巨大的动物其身体是怎样运转的。

99. 为什么金属如此坚硬?

提问者：奥利弗，7岁

回答者：马克·米奥多尼克教授 工程师、材料科学家

金属是由晶体组成的，不可思议却又千真万确。举个例子，在一个小小的曲别针里，就有无数的微小金属晶体。大多数人看不到它们，因为金属并不透明，但科学家开发了一种特殊的方法观察金属内部，发现组成它们的晶体就像钻石般美丽绝伦，令人叹为观止。

晶体（比如钻石）都很坚硬，因为组成它们的原子都以一定的方式整齐地排列着，使得所有原子都能互相支持防止破碎，这也正是金属之所以坚硬的道理。不过金属如此特别还另有玄机。在金属晶体内部，有一部分并不按常规模式排列，这些部分被视作缺陷。这些缺陷能在金属内部移动，并通过移动改变金属的形状。

这种能力使得金属在被锤子敲击时，不容易像其他晶体那样破碎，相反，它们会流动起来。金属晶体会流动！难以置信，我知道这是一定的。这种特性使得金属特别有用。想象一下，要是一辆车在撞击后会粉碎，或是一把勺子在你嘴里咔吧一声就折断了会怎样？如果金属晶体不能流动，此类事情便会时常发生。所以，正是将坚硬和柔韧结合到了一起，才使得金属如此令人惊异。

马克·米奥多尼克（Mark Miodownik）是伦敦大学学院（University College London）的材料学教授，他特别喜欢制造东西并向别人解释它们的工作原理。作为一个科学家和工程师，他经常出现在电视上，比如BBC电视台的系列剧《何能如此》（*How It Work*）。

100. 既然能用橙子命名橙色，为什么不管香蕉叫黄色？

提问者：爱德华，9岁

回答者：菲利普·古登 字源书籍作家

有些颜色是先于某些水果、蔬菜出现的，随后才用在水果蔬菜的名字中起标签作用，比如红醋栗、绿醋栗、绿叶菜等等。但橙子却是另外一番情况，是水果用自己的名字命名了那种颜色。在此之前，如果你想表达“介于红色与黄色之间”的颜色，你只能说“介于红色与黄色之间”或其他类似的话。

但香蕉的命名方式跟上面所说的这些都不一样。非洲是香蕉的发源地，在那里，“香蕉”一词就是香蕉树的名字。所以几百年前，当西班牙人和葡萄牙人得到香蕉后，顺便也接受了它的名字，并将这种水果和它的名字一起带回了欧洲。到如今，我们使用香蕉这个词已有很长时间了，因此听起来不像先人那样感觉发音古怪。而且老实说，“来根香蕉？”听起来比“你要吃一根黄色吗”让人更有胃口。

回答者简介见109页。

101. 寂静算是一种声音吗?

提问者：卡勒姆，9岁

回答者：昆廷·库珀 作家、科学及艺术节目主持人

不算，也算。这要看你指什么了。

声音是一种振动，从发出它的物体一路晃荡进接收它的耳朵。声音必须凭借某些东西来传输：我们常见的是通过空气，不过也可以通过液体和固体。如果没有什么物体来产生振动，或者没有物体来传导（比如太空中的真空状态），就不会听到声音。寂静一般不被理解为是一种声音，而是没有任何声音。

不过，寂静也有很多种类，比如体育比赛前短暂的寂静，那其实是一种独特的声音，因为即使所有的观众都保持沉默，他们一起仍然制造出了一种声音，这种声音在所有的比赛中都是相似的。即使你设法找到了一个绝对杜绝外界声音的地方，你仍能听到自己的心跳声或身体发出的其他细微声响。所以你可以说，寂静作为一种声音就是你自己的声音。

回答者简介见50页。

102. 我为什么不能在浴缸里养企鹅?

提问者：杰西卡，8岁

回答者：祖扎娜·玛泰雅索娃 伦敦动物园管理员

企鹅的样子非常可爱，它们也的确是格外惊艳，因而会让你想在自己家里养一只。但有许多原因使你没法在浴缸里养企鹅。

企鹅通常生活在海边，每天花大量的时间在非常咸的海水里游泳。你的浴缸一来不够大，二来从龙头里放出的水也不够咸——你要往水里加入好多好多的盐才能使水的咸度合适。

虽然企鹅喜欢水，但它们也愿意到岸上消磨时光。它们要在陆地上孵蛋，而如果住在浴缸里，它们便很难爬出来，因为浴缸的边儿太滑了！

企鹅是社交动物，喜欢一大群住在一块，所以，你养的企鹅可能会非常孤单。另外，企鹅格外适合住在室外，它们有防水的羽毛和特别的脚蹼，所以特别不喜欢整天待在屋里。

企鹅要吃好多鱼，因此也常常满身鱼腥味，这对你的卫生间来说可不是件好事！它们还相当不讲卫生，直接把粑粑拉在水里，你恐怕得花许多许多时间来清理。

祖扎娜·玛泰雅索娃（Zuzana Matyasova）在伦敦动物园照看所有的鸟类。她每天要在企鹅身上花许多时间，她所在的动物园总共有3个种类共50只企鹅，每只企鹅都极力想博得她的关注。

103. 整个宇宙里有多少个星系？

提问者：詹姆斯，9岁

回答者：克里斯托弗·赖利教授 科普作家、主持人

在 1995 年圣诞节期间，一队天文学家决心回答这个问题。他们将功能超强的哈勃太空望远镜对准大熊座附近的一小片天空，用肉眼来看，那片天空真的特别的小，在整个天空，就如同一粒米放在一只胳膊上。

其中多数天文学家认为那只是一片空空如也的天域，因而并不指望能找到多少东西。通过指令，他们让哈勃望远镜对着那片天空进行了 10 天的连续观察，希望借此发现来自那里的哪怕最微弱的光。没有人知道将会看到什么，大家只是在做一个实验。

最终拍出的照片却令所有人吃惊，那小片天空里仿佛挤满了数不清的小光斑。再仔细观察那些小光斑，结果真是令人难以置信。照片上近 3000 个小光斑其实都是一个个星系，每个星系大概包含有 2000 亿颗恒星。

这张著名的照片被称为“哈勃超深空”（Hubble Deep Field），它改变了人们关于宇宙中有多少星系的看法。这张照片令人如此兴奋，以致 3 年后人们利用哈勃望远镜对准南部天空做了一个相同的实验。再一次，拍摄出的照片又挤满了星系。

别忘了，这些照片只涉及极小的一片天空——推及整个天空，我们会在宇宙里发现大约3500亿个星系。实际数量可能会更多，因为我们只是观测了宇宙中很小的一部分，还很难得出确切的数字。宇宙里星系的数量甚至可能会多达一万亿个！

回答者简介见123页。

104. 北极光是怎么产生的?

提问者：卡梅隆，10岁

回答者：希瑟·库珀博士 天体物理学家

这全是因为太阳的缘故！我们身边的这个恒星是一颗火热的气态巨球，周围布满磁场。由于是气体组成的，太阳旋转的方式同地球这样的固态星球迥然不同。它的赤道旋转得比两极快，磁场因而被扭曲得如同一叠橡皮筋。

那些磁场更强的地方会吸引蒸腾的热气，不让它们向外释放，这在太阳上形成了许多温度较低的区域。那些区域看起来更暗，被称为太阳黑子。压力在太阳黑子处不断累积，大约每隔 11 年，就会有一波太阳黑子的爆发，此时，无数旋转的、带电的粒子会被喷发进太空。如果地球正好挡在喷射的路径上，这些带电粒子便会一头撞向两极地区，因为那里是地球磁场最强的地方。当带电粒子碰上大气层，就会点亮天空，如同霓虹灯里的气体被点亮一样。

北极光和南极光非常壮观，状似摇曳的红绿帘幕或光亮的彩弧，看起来还真有些阴森怪诞！你可以特意乘飞机去北极圈观看极光。当然，在苏格兰北部的高纬度地区也可以很好地观看极光，就在牛津大学的外面，我有一次也看到过绚烂的北极光。

回答者简介见 73 页。

105. 我们为什么会有感情？

提问者：卡伊，9岁；康内尔，10岁

回答者：格雷灵 哲学家

人类会有感情是因为我们是社会性动物，对他人的感受决定了我们与他人的关系。善意、爱恋、友谊及关怀的感情对维系家庭和社群至关重要。

当然，事情有时也会出差错，此时我们会感到气愤或受伤，这同样重要，因为这告诉我们导致这些情感的关系需要改变了。我们会有负面情感，如同我们会有正面情感——憎恨、猜忌、嫉妒是具有很强破坏性情感的典型。但是，热爱和欢愉这样的正面情感，也让生命更有生趣，我们也很高兴拥有它们。

回答者简介见18页。

106. 当过山车头朝下时人为什么掉不下来?

提问者：克莱格，12岁

回答者：吉姆·阿尔卡里里教授 科学家、节目制作人

这是科学里一种怪异的情形，乍一看会令人格外迷惑，不过一经解释又会很好理解。

你不妨这样想一下：所有运动的物体，无论足球、行星或者这里提到的过山车，在行进时总要保持相同的方向，只有受到了什么因素的干扰才会改变其直线运行的方向。举例来说，地球环绕太阳运动是由于太阳引力的牵引，否则它将一路漂进太空深处。至于过山车，是轨道迫使车厢及绑在里面的人在大回环里绕圈运行。

当然，车要跑得相当快才行，因为在你头朝下时，会有另一种力量拉着你往地上摔，这便是重力。重力使得车轮不会狠狠地压挤轨道。如果车走得过慢，向前的动力不足，就不能保证车轮贴紧轨道，重力就会发威。所以过山车的大回环总是出现在一段大陡坡的下端，那时的车速是最快的。

回答者简介见 **36** 页。

107. 世界上有多少种语言？

提问者：斯凯，9岁

回答者：大卫·克里斯特尔教授 语言专家

大约有 6000 多种不到 7000 种吧，很难给出确切的数字。至于没法给出具体数字的原因，倒是一个有趣的话题。理由有 3 个。

我们偶尔会发现新的语言。在一些偏僻的山区、峡谷和森林里，会有一小部分人在说着我们还不知晓的语言。发现一种这样的语言时真是让人激动，但这种事情可不常遇到。

有时我们会发现，几群人住得很近，但我们却不能确定他们讲的是相同的语言还是不同的语言。我们注意到，每群人使用的词汇、句子和发音略有差别，一群人能大体听懂另一群人的话，但并非全懂。那么，应该把他们所讲的语言算为不同的语言呢？还是把它们算作同种语言的不同方言呢？全世界这样的情况非常多。

但无从给出准确数字的最主要原因在于：许多语言正在消亡。数以百计的语言如今只有很少的人在使用，这些人去世后，他们的语言也就消失了。这种情况时刻都在发生，每隔几周就有一种语言消亡，所以你想知道的答案总是在变化。

不过有一件事可以肯定：随着岁月的流逝，语言种类会越变越少。现在，这个数字很可能更接近 6000 种。

大卫·克里斯特尔（David Crystal）由于蓄着副大白胡子，总被描绘成是甘道夫（《指环王》中的人物）与邓布利多（《哈利·波特》中的人物）的混合体。其实，他是一位大学教授，写了许多有关语音的书籍。

108. 世界上最大的昆虫是什么？

提问者：阿姆伯，7岁

回答者：乔治·麦加文博士 昆虫学家

最长的昆虫是在印度尼西亚的婆罗洲发现的一种竹节虫，名叫钱氏巨竹节虫（Chan's Megastick）。光身体就有35.7厘米长，加上腿则长度达到了56.7厘米。

最重的昆虫可能要属来自非洲的巨型甲虫（Goliath Beetle）了，它们的重量在60与100克之间，体重甚至超过了许多鸟类。另外一种甲虫，南美的泰坦甲虫（Titan Beetle），尽管不如巨型甲虫重，却更大，有17厘米长，其威猛无比的双颚咬人一口会格外的疼。

东南亚与澳洲的鸟翼凤蝶（Birdwing Butterfly）翼展特别大，达28厘米。但翅膀展开面积最大的昆虫可能要算东南亚的皇蛾（Atlas Moth）了，其翅膀展开面积可达400平方厘米，有一张餐巾纸那么大。

在3亿年前的石炭纪，当时的大气比现今含有更多的氧气，因此许多昆虫都是大个子：蟑螂样的巨型昆虫在雨林里出没，硕大的蜻蜓扇着近1米长的翅膀在空中盘旋。

回答者简介见25页。

109. 一年中何时是去阿拉斯加的最佳时间？

提问者：内尔，11岁

回答者：马塞尔·泰鲁 游记作家

你喜欢寒冷的天气吗？我喜欢。我爱雪，爱冰，爱鼻孔吸入冷空气的感觉，也爱一脚踏入暖融融的室内、身体逐渐暖和起来的体验。

多数人在夏天去阿拉斯加，那时比较暖和，白天很长，便于四处转悠。天气也更容易预测，还有很多鸟类和动物可以观赏。人可以长时间待在室外，也不必带特别多的防寒服装。

可我更愿意冬天去拜访阿拉斯加。是的，你需要把自己裹严实，但可做的事情特别多。你能站在冰冻的湖面上从冰窟窿里钓鱼，可以骑雪地摩托或乘坐狗拉雪橇，可以滑雪，甚至可以脱光了衣服跳进温泉。当然，最好不过的是看北极光，那摇曳炫目、色彩斑斓的天然“焰火”，只出现在 9 月到 3 月的夜空里。

马塞尔·泰鲁（Marcel Theroux）是一位播音员和屡次获奖的小说家。他最新的小说名为《奇怪的身体》(*Strange Bodies*)。

110. 我们为什么要哭？

提问者：塞巴斯蒂亚诺，9岁；阿富扎尔，9岁

回答者：克劳迪娅·哈蒙德 心理学家、广播主持人

感到伤心而哭再正常不过了。12 岁以前，男孩会和女孩一样爱哭。不过想起来多少还是有点儿奇怪：人只是因为伤心就能从眼角挤出咸咸的泪水来。

有个教授注意到，人们经常满脸泪痕地说，大哭一场能使心情好一些。于是这个教授做了一个试验，让人们去闻新切的洋葱，毫不奇怪这让大家满眼泪水。他收集了那些眼泪并冷藏了起来。然后，他让大家每人戴上一副特制的眼镜去看一部特别伤感的电影，眼镜下悬着两个非常小的桶以收集泪水。人们倒是哭了，小桶却没收到多少泪水，最后只好改用微型试管。

他发现，人们伤心时哭出的眼泪含有一些额外的成分，而洋葱引出的眼泪却没有。于是他想，也许我们心情好转因为通过眼泪带走了这些物质，而泪水的作用也许正在于此。

但并不是所有人都赞同这种看法。许多心理学家认为，人们哭的原因是为了让别人知道自己需要同情或帮助。哭其实是有意为之，真正使哭者宽慰的是旁人的安抚。

快乐的泪水则更显神秘一些，但所有强烈的情感（无论欢乐还

是悲伤）都有许多共同之处，它们似乎都触动了身体里某些相同的生理过程。

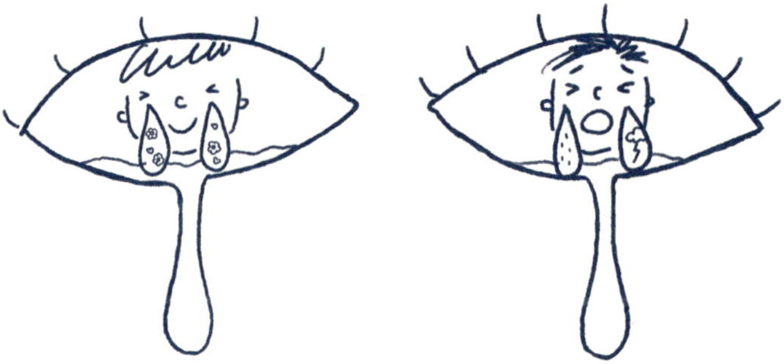

克劳迪娅·哈蒙德（Claudia Hammond）是一位作家、播音员和心理学演讲者。她写过两本书讨论感觉的科学原理：《弯曲的时间》（*Time Warped*）与《情感过山车》（*Emotional Rollercoaster*）。

III. 大海里到底有多少鱼？

提问者：霍利，9岁

回答者：保罗·斯内尔格罗夫博士 海洋生物学家

回答这个问题比乍听起来要困难很多！我们对海洋里到底有多少鱼，实在没有一个比较靠谱的估计。各种不同的鱼它们体型和数量的差异太大了，我们得用不同的方法去分别统计大鱼和小鱼的数量，更何况它们还满世界到处游动。那些小鱼格外难以统计，它们很容易隐藏，海洋又是那样广大——地球上适宜生命存在的地方超过 95% 都在海洋里。

再来想象一下，把世界上最大的鱼和最小的鱼放到一起——15 米长的鲸鲨和不到 1 厘米的婴鱼（infantfish），它俩的体型相差了 1500 多倍。好多好多条婴鱼才抵得上一条鲨鱼！而找到 1500 条婴鱼要比找到一条鲸鲨难得多。我们这里所谈论的是些非常大的数字。一项研究统计了一种鲱鱼，仅相当于曼哈顿岛那么大的面积里就有 2.5 亿条。所以我们只知道大海里有数以百亿计的鱼，但实在没法搞清楚准确的数字。

我们对海洋里有多少种鱼知道得更清楚些，但那也只是个大概的估计。已知的海洋鱼类大约有 16800 种，但新种类还在不断被发现——每年超过 100 种。

那么，我们还会再发现多少种鱼呢？使用不同的手段，科学家认为大约还有5000种鱼类有待人类发现。这些鱼大多藏在珊瑚礁当中，或生活在海洋的深处。以现在的节奏推算，想要发现所有种类的鱼，还需要大约40年时间。

回答者简介见136页。

112. 为什么彩虹是弯曲的?

提问者：霍利，6岁

回答者：约翰尼·鲍尔 数学和科学爱好者

当你看到彩虹时，太阳总在你的身后，你的头与太阳以及彩虹弯弧的中心在一条直线上。你是世界上看见那条彩虹的唯一一个人，即使有人站在你的旁边，他看到的彩虹在空中的位置也与你看到的稍有不同。

彩虹形成时，空气中总会有水汽，然后阳光照在水滴上，再反射到你的眼里。颜色是由阳光反射的角度造成的，红色是由某一角度的反射光造成，而产生蓝色光反射的角度会稍小一点儿。如此一来，彩虹便呈现出弓的形状，而且红色在最上面。

有时你还能看到第二道彩虹，淡一些，处在第一道的外侧。这道彩虹的颜色是颠倒的，红色在最底端。

乘坐飞机时，你会不时看到一道彩虹出现在你身下的云端。此时，你还会看到飞机的阴影正好落在彩虹的正中间。如果运气够好，你看到的彩虹会是一道完整的圆弧，你借以张望的舷窗的阴影，不偏不斜，正落在彩虹的圆心上。

约翰尼·鲍尔(Johnny Ball)从1960年代起就醉心于数学与科学。他是儿童电视节目的常客，在新书《球的困惑》(*Ball of Confusion*)中，他解释了许多生活中的谜题。

113. 我们为什么对自己小时候的事没有什么记忆?

提问者：美雅，11岁

回答者：塔利·沙罗特博士 神经学家

我们用大脑来记忆。在人一生最初的几年里，大脑同身体的其他部分一样，生长和变化都很大。科学家认为，婴儿的大脑中，对记忆起关键作用的部分还没有充分发育，所以还不能像长大后那样来存储记忆。

而且，人很小的时候还不会说话，这使得对事情的记忆与回忆都很困难，因为人是靠语言来记忆过去所发生的事情的。

塔利·沙罗特（Tali Sharot）是一位神经学家，研究情绪对人行为的影响。她在伦敦大学学院教书，电视上也经常能够看到她的身影。她最近写了一本书，名叫《乐观主义的偏见》（*The Optimism Bias*）。

114. 心里直打鼓是怎么回事？

提问者：阿尔法，10岁

回答者：罗伯·希克斯博士 全科医生、医学记者、主持人

那当然不是真的在打鼓了！那是一种心理感觉，人在为某事担忧，比如要在音乐会上当众演出时，就会有那种感觉。甚至有时，当人们既激动又有点紧张时也会如此，比如你去参加聚会的路上。

人在忧虑、紧张或是惊恐时，身体会分泌一种叫肾上腺素的物质，将人带入所谓的“反击或逃跑”模式，或者说处在“红色预警”之中。意思是我们准备采取行动，要么留下来与造成不安的东西搏斗，要么逃之夭夭。举个例子，想象一下在学校遇到有人欺负你，你可以就地反抗（“反击”），或者落荒而逃（“逃跑”）。

肾上腺素自动使心跳加快、呼吸急促，为肌肉提供更多的血液与氧气，以便大脑加速思考，身体准备快速移动。胃部也会跟着收缩，这样胃部的供血就会减少，更多的血液会流向身体的其他部位，例如肌肉和大脑——那里需要更多的血液以加快反应速度。这时，我们就会感到肠胃收紧，心里打鼓了。

回答者简介见 108 页。

115. 冰有味道吗?

提问者：梅根，10岁

回答者：加布里埃尔·沃尔克博士 作家、气象节目主持人

冰只是冻结的水而已，只有同有味道的东西混在一起才会有味道。但有时，你确实能像闻一朵玫瑰那样闻一闻冰。

在格陵兰岛和南极，冰形成了厚厚的冰层，但它们不是由水直接冻结而成，而是由雪形成的。雪里面充满了空气，这是雪蓬蓬松松的原因。当雪层不断加厚时，重量使得蓬松的雪片不断挤压，直到最后黏在一起形成了冰。伴随这个过程的是，空气也被封存在了冰里。

在南极那样的地方，天气很冷，冰从不融化，因此冰层越积越厚。终于有一天，科学家来到这里，他们从冰原的顶上向下钻探。越钻越深，他们得到的冰块也越早形成。我曾亲眼看见过那一幕，那真是太神奇了。科学家们取出了一块 80 万年前的冰，它的气泡里仍保存着古代的空气。

为了表示庆祝，当我还在那儿时，科学家们把一些古老的冰块放进了饮料里。当冰开始融化时，我能听到那些古老的气泡发出嘶嘶的声音。我闻了闻杯子里冒出的空气。这些空气被封存在冰里时

人类还不存在呢，所以我想，我是闻过这些空气的第一人。老实讲，那些空气闻起来与普通空气并没有什么两样，可我还是给激动坏了。

加布里埃尔·沃尔克（Gabrielle Walker）通过写书、拍摄电视节目来揭示我们这个世界的运行之道。她在亚马孙河与食人鱼一起游泳，在夏威夷用一把锤子从活火山中取出熔岩。她的新作《南极洲》（*Antarctica*）讲述的是地球上她最喜欢的地方，她希望那里能永远寒冷、冰雪长存。

116. 我们如何阻止小行星撞地球？

提问者：保罗，14岁

回答者：马库斯·乔恩 天文书籍作家

太阳系诞生于45.5亿年前，小行星就是“建造”太阳系时遗留下的“碎砖烂瓦”。它们中的绝大多数都处在火星与木星之间，围绕着太阳运转。不过，有时候两个小行星会发生碰撞，其中的一个或两个被撞出小行星带，并有可能最终撞向地球。比如有一个小行星，大概有一座小城那么大，据信在6500万年前撞击了地球，并造成了恐龙的灭绝。

如果发现了一颗快要撞到地球的小行星，我们其实没有一点办法能够阻止。但如果预计碰撞的日期还有好几年的话，我们也许能令其改变方向。不过这也非常困难。必须要派一艘宇宙飞船在小行星上着陆。用大炸弹轰击小行星是没用的，那只会使它由一大块变成若干小块——它们还会飞向地球。

为了使小行星转向，最好的办法可能是让宇航员凿下一些小行星上的石块，将它们用极快的速度向太空里发射。这样，小行星会因后坐力而反向移动，就像枪在发射子弹后向后回弹一样。假使宇航员不断地这样做，周复一周，月复一月，小行星就会逐渐改向，最终偏离地球。

回答者简介见17页。

117. 什么使食物变质？

提问者：米莱，10岁

回答者：乔治·麦加文博士 昆虫学家

细菌使食物变质。你看不到细菌，但要是没有它们，世界上将不会有生命存在，而且所有细菌的总重量超过了地球上全部动植物重量的总和。比如，一茶勺的土壤里就可能含有400亿个细菌。每个细菌都是一个单细胞的生物。它们绝对性地遍满各处：陆地上，海洋中，河流里和空气中。你的皮肤上和身体里也有种类繁多的细菌，实际上，你身体所包含的细菌数要比人体细胞多9倍。

对于生态系统的运行，细菌所起的作用非常大，它们也是死亡生物进行再循环的必须因素。不过，有些种类的细菌会导致致命的感染。某些细菌被称为“食品腐败菌”（food spoilage bacteria），它们正是使食物变质的元凶。新鲜的或是煮熟后的食物一旦剩下，很快便开始变质。要是天气温暖，细菌会繁殖得非常迅速，食物也变质得更快。

细菌不是令食物变质的唯一生物。真菌的孢子能借助空气的传播，落在食物上并开始生长，使得食物发霉。但霉菌也可以非常有用，比如青霉素，是一种抗生素，就是由一种普通的霉菌制成的。

回答者简介见25页。

118. 为什么猫儿“喵呜”，牛儿“哞哞”，羊儿“咩咩”？

提问者：梅根，10岁

回答者：大卫·贝洛斯教授 翻译家

这真是个大问题，回答起来可不简单。遗憾的是，牛讲牛语，羊讲羊语，猫讲猫语，而我们都不懂。

“喵呜”是人们记录下猫所发出的声音，其拼写是按照人的语言规则，而不是按猫的。世界各地的猫叫起来都没什么两样：一只柏林公寓里的波斯猫和一只巴黎饭店里的花猫发出的动静大体相同。猫的叫声不会改变，而且也只有猫才那样叫。

可是，当一个日本人想记录她的猫叫时，她会写成这样：“ニャマ”，把它们转换成英语听起来就好像是“尼啊”。我们可以肯定日本猫与英国猫的叫声是相同的，但在日本人听起来却可能与我们不一致。

同样道理，法国人听到的鸭叫声是“叩叩”，而不是“嘎嘎”，而希腊人听起来鸭子似乎“啪啪”地叫。羊叫声在日本被形容成“媚——”；在俄国，猫在高兴时发出的叫声被记录成“嚒儿嚒儿”；阿尔巴尼亚人认为狗是“哈姆、哈姆”地叫。

用不同语言所记录的动物叫声是如此不同，让你禁不住会想：

到底什么才是我们真正听到的？我们听到“喵呜”，是因为猫真的那样叫，还是因为我们被教得要那样拼写？

不过也许事情并没有那么复杂。许多语言有关动物叫声的词汇彼此都十分相似。比如，狗叫声在法语是“wa wa”或“waff waff”，在英语是“woof”，当代希伯来语是“hav hav”，匈牙利语是“vau vau”，瑞典语是“vov vov”，荷兰语是“woef”，德语是“wuff”。即使在古埃及，所用的象形文字形若天书，狮子的咆哮被写成“”，但看上去似乎也是在“嗷呜”地叫；猫的叫声被写成“”，听起来没准是“咪呜”一类的动静。

至于为什么猫儿“喵呜”，牛儿“哞哞”(泰国是个例外，那里哞哞叫的是猪)……也就是说，什么使猫发出的叫声令我们要用“喵”和“呜”来描述呢？好吧，这个问题你应该寄给一个研究动物喉咙和嘴巴的专家。我的意思是：另有高人能说明白。

大卫·贝洛斯(David Bellos)对语言和人们说话的方式有极大的兴趣，他写的书往往都有个很酷的书名，比如《那鱼在你耳朵里吗？》(*Is That a Fish in Your Ear*？)。他是普林斯顿大学的教授，也是书中另一位回答者的父亲，你能发现他是谁吗？

119. 为什么人类没有尾巴？

提问者：本，8岁

回答者：路易斯·利基博士 古生物学家

巨型类人猿都没有尾巴，我们人类是地球上至今还存活的 7 种巨型类人猿的一种。值得记住的是，迫于人类巨大的数量和影响，另外 6 种类人猿都受到了严重的威胁并濒于灭绝！

还是回到你的问题：为什么人类没有尾巴。是这样的，灵长类动物的尾巴主要起平衡作用，尤其是它们在树枝间荡来荡去时，尾巴的帮助更大。巨型类人猿体型巨大，主要生活在地上，在进化过程中，我们失去了对长尾巴的需求。

但你知道吗，你至今还有尾巴的遗迹呢？在脊柱的末端，你有一小块叫尾骨的骨头，要是你重重地摔个屁墩儿，就可能将它摔碎。如此一来，在这块骨头愈合之前，你想舒舒服服坐在凳子上，只有在凳子的坐垫中间挖个洞了。

人类要是还有尾巴的话，样子是不是特别滑稽？要是真有条尾巴，你会用它干什么？

路易斯・利基（Louise Leakey）天生就是个当古生物学家的料。她的大部分童年都在肯尼亚北部的荒漠上奔跑，6 岁时她发现了一具 1700 万年前的类人猿化石，成了世界上发现此类化石年龄最小的人。

120. 为什么大黄蜂消失了？

提问者：库什，12岁

回答者：托尼·朱尼珀 环保活动家、作家

大黄蜂就是那些毛茸茸、满身条纹的昆虫，早春时节可以看到它们嗡嗡嗡地在花间穿行，寻找花蜜和花粉。它们身上的厚绒毛可以保暖，因而往往是寒冬将尽时人们在户外看到的第一种昆虫。这些小生命对植物的作用非常大，它们通过在花间传播花粉帮助植物结出果实产生种子。没有它们的帮助，很多植物就不能繁衍后代。

在英国已知有26种大黄蜂，其中两种已经灭绝，还有几种很快也要消失了。有几个原因造成了大黄蜂的日益稀少，其中最主要的原因看起来是它们栖息地的丧失。大黄蜂喜欢野花遍地、杂草丛生的地方，而如今，许多花园都铺上了碎石和石板，整齐的花圃替代了荒地，不见了野花的踪迹。在乡下，大黄蜂喜欢的居所大多变成了农田。它们还不得不忍受杀虫剂的侵害。

要是你家有花园，你可以辟出些地方让野花生长以帮助大黄蜂，校园和其他地方也可以照此而行；让农场的周围布满野趣也有助于招蜂引蝶；还要尽量避免在花园和农田里使用化学药品。

托尼·朱尼珀（Tony Juniper）是一位环保活动家和作家，他帮助公司和其他机构制订环保政策，唤起人们对保护自然的热情。

121. 为什么磁铁只吸金属?

提问者：劳尔，8岁；莉亚，12岁

回答者：吉姆·阿尔卡里里教授 科学家、节目制作人

别以为这是一个容易解释的问题。简单讲，都是原子造成的——但这其实等于什么都没说，对吧？所以，还是让我讲得详细点吧。

万物都是原子组成的，而所有原子又是由相同的成分构成的：中心是一个微小的原子核，环绕其周围的是一些比原子核更小的电子。正是电子使得某些种类的原子有了磁性。当某些物质靠近一个磁场时，其中的原子便受到牵引而变形，也变成了一个个很微小的磁场。更详细地说，因为每个电子实际上就是一个旋转的电荷，因而它本身就是个微型磁场。

可以这样想象一下，一块金属的所有原子就像是许多个微型指南针，只是指针指向四面八方。此时把一块磁铁凑近它们，于是，所有的指针开始协调一致，指向一个特定的方向。这块金属因此被“磁化”了，能与原先的磁铁发生反应并吸到一起。

不过还有个大问题：为什么不是所有的原子都如此呢？什么使得木头或塑料中的原子可以不理会磁场呢？这解释起来有点难：原子怎么做，全在于其电子的数量，以及这些电子的运动方式。并不能简单地认为一个原子所拥有的电子数量越多，所形成的微型磁场就越强。

不同的电子有它们特殊的组织形式和运动方式，而某些金属中的电子，碰巧很容易受到磁铁的影响。

回答者简介见36页。

122. 世界上最糟糕的足球队是哪一支?

提问者：阿里亚纳，9岁

回答者：保罗·沃森 记者、足球图书作者

太平洋上有个叫波纳佩（Pohnpei）的小岛，不知你听说过没有？你多半不知道。从建队一直到最近，他们的足球队从未赢过球。他们参加的所有比赛都输掉了，包括16比1输给了近邻关岛队。

我是怎么知道波纳佩队的呢？说来话长。我一直酷爱足球，梦想着有朝一日入选英格兰队，或者至少代表我最喜爱的布里斯托城队出场。

问题是我并不特别擅长踢球。我的几个朋友已经和职业球队签约了，却从没有哪支球队看上我。断了踢球为生的念头后，我决心当一名体育记者来报道足球，但为英格兰踢球始终是我的梦想。

25岁时我同一个叫马特的朋友住在一起，他也是个狂热的足球迷，于是我俩碰出了个计划。我们明白，以我们的球技想加入英格兰这样的强队根本没戏，我们决定，加入一支世界上最弱的国家队，为他们而战！

于是马特和我去了波纳佩。这是一个美丽的岛屿，当地的人民也很友善，不过那里天天下大雨，是世界上最潮湿的地方之一。那里是有一个足球场，但却总是被水泡着，无数的癞蛤蟆在上面跳来跳去！我们刚到时那儿连一个球员都没有，更别指望有观众了。

好在当地人喜爱足球，我们得以创建了一支很好的球队。我们刻苦训练，准备去关岛小试牛刀，为波纳佩赢得史上首场胜利。多数球员从未坐过飞机，所以大家特别兴奋。

我们输掉了头两场比赛，但最后一场终于赢了个 7 比 1。那是波纳佩首次赢球，人人都乐翻了天。波纳佩队也许不是天底下最好的球队，但他们享受足球，并不断努力，那才是最可贵的。

保罗·沃森（Paul Watson）和朋友马特有一个使命：找一支世界上最差劲的国家队，训练他们赢得胜利。记者保罗的新书《雄起，波佩纳！》（*Up Pohnpei*）讲述了他们的传奇故事。

123. 我怎么才能成为公主?

提问者：鲁比，3岁

回答者：海伦·卡斯特博士　历史学家

有两种办法成为公主，不过其中的第一种没法选择：如果碰巧你妈妈是女王或者你爸爸是国王，你生下来就是公主。

（在英国，如果你是女王或国王的孙女你也会是公主——但只能是孙女，外孙女不行。规则面前并不总是男女平等。）

另一个成为公主的办法是嫁给王子。在现今的英国，如果打算成为公主，可行的办法便是嫁给安德鲁王子或是哈里王子。不过还要注意一件事情，采用这个方法，你不能用自己的名字来称为某某公主，比如，要是我嫁给了哈里王子，我不能称为海伦公主，而要称为哈里公主——这有点像结婚，嫁给了史密斯先生你就成了史密斯太太。

还有件事得记住，皇室头衔的称谓也在不断变化。中世纪的大多数年代里，英国国王和女王的孩子被称为“大人”（阁下，Lord）和“小姐”（夫人，Lady），而不是“王子”（Prince）与“公主”（Princess）。某种程度来说，这一切都会随着王室的情况而变化。今天，成为一个公主可真不是个好的职业选择，如果只是王宫或王冠特别吸引你，你可以考虑去当一个建筑师或首饰匠，那样你就可以给自己建造宫室打制冠冕了！

海伦·卡斯特（Helen Castor）热衷于写那些古代的人物，尤其是女王。她每周在电台主持《铸造历史》（*Making History*）节目，她的作品《母老虎：英国的那些女王们》（*She-Wolves*）被 BBC 拍摄成了 3 集电视片。

124. 味蕾是怎样尝出味道的？

提问者：基兰，9岁；马萨诺，8岁

回答者：马克·波特博士 全科医生、医学记者

我们嘴巴里有大约1万个小味蕾。它们太小了，你全然看不到。味蕾不全在舌头上，嘴唇、上颚、口腔以及喉咙的后部也有。

要理解味觉，最简单的方法是与触觉做比较。手指上的特殊神经可以辨别某个东西是粗糙还是光滑、热还是冷，同理，味蕾告诉你食物是甜的还是咸的。

味蕾可以辨别5种基本的味道：甜味（如蛋糕），酸味（如柠檬），苦味（如咖啡），咸味（如薯片），鲜味（如酱油或帕玛森奶酪）。

但是，决定某种食物或饮料味道的不仅仅是味蕾，嗅觉也同样重要。想领略咖喱、薯条或番茄汤的真正味道，你的大脑需要把味觉神经与嗅觉神经传来的各种味道和气味综合起来。

如果你的嗅觉不灵了（比如感冒造成了鼻塞），食物和饮料就没那么有滋味了。所以，当非要咽下不喜欢的食物时，孩子们常常会捏住鼻子。你也可以试试看！

马克·波特（Mark Porter）每周花一半时间在自己的诊所看病，用另一半时间来写作及在电台谈论医疗问题。

125. 为什么辣椒这么辣?

提问者：鲁泰，7岁

回答者：马德·贾弗里 烹饪图书作家

天生的，有些蔬菜和水果是甜的，有些是酸的，有些是苦的，有些则有果仁的味道。自然刚好让它们形成了现在的味道，而辣椒呢，也是天生便火辣辣的。辣椒中含有一种叫辣椒素的化学物质，可以刺激人的嘴里产生一种灼痛的感觉。也许，这是为了阻止一些动物啃食辣椒果实。一些辣椒只是微辣，而另一些则火辣得让你望而生畏。我喜欢那些介于两者之间的辣椒，即辣味比较柔和的辣椒。

马德·贾弗里（Madhur Jaffrey）在过去30年里写过许多关于印度食物的畅销书。在BBC播出的《马德·贾弗里之印度烹饪》（*Madhur Jaffrey's Indian Cookery*）节目让她成了家喻户晓的名人。她还出演过多部电影，比如《热与尘》（*Heat and Dust*）。

126. 蛇为什么不嚼食物?

提问者：康诺，5岁

回答者：史蒂夫·伦纳德 兽医、野生动物节目主持人

我们咀嚼食物来帮助肠胃消化。这是因为，进化使得人类能以许多种植物为食，为了获得藏在食物纤维中的营养物质，我们需要用牙齿将植物粉碎。

多数肉食动物很少咀嚼，它们所吃的东西（肉、昆虫、鸟蛋、蜗牛等）非常好消化。猛禽和鳄鱼会把猎物撕成小块以便吞咽，它们其实也并不咀嚼食物。蛇则更省事儿，它们没有能力把食物撕开（它们既没有鸟一般的爪子抓紧食物，也没有鳄鱼般的体重靠扭动将食物扯碎），便演化出了具有超级伸缩能力的下颚，这种下颚能让它整个吞下大块的食物——以体型而言，这好比你吞下了一整只火鸡。这种能力还使得它们能迅速吞下猎物，然后赶快溜走，躲开竞争者或天敌。

为了应付吞下的巨大食物，蛇还进化出了强大的胃酸，能将猎物的大部分消化掉（猎物的牙齿、爪子和羽毛没法消化，会随着蛇的粪便排出）。蛇对食物的消化需要很长时间——一条巨蟒要用几个月。我见过的蛇用过的最大一餐，是一条6.2米长的霸王蟒（Reticulated Python）吞下了一头比我还大的野猪。这一口可真大啊！

史蒂夫·伦纳德（Steve Leonard）以主持电视节目《兽医学校》（*Vet School*）而闻名，他还主持了许多野生动物节目。能够如此近距离地在野外观察那些神奇的动物，令史蒂夫感到非常幸运。

127. 为什么要发明电视?

提问者：罗宾，10岁

回答者：伊恩·洛吉·贝尔德　国家传媒博物馆副馆长

1926年1月26日，一个人的突发奇想给世界带来了首批电视图像，那个人就是我的爷爷，约翰·洛吉·贝尔德（John Logie Baird）。

他为什么要发明电视呢？1923年，健康不佳迫使他停止了原先的肥皂生意，并搬到了黑斯廷斯（Hastings），那是英格兰南部海滨的一座小城——他需要挣钱。由于身体不好，他需要发明点真正有反响的东西来谋生。他试过做带充气底的鞋以及永不生锈的玻璃刮胡刀，但都无功而返。

一天，他沿着附近的峭壁散步，盘算着应该续修几年前的电子工程师培训课程。从上次培训以来，技术水平已经有了很大的进步，他觉得现在没准能做出电视了。

电视把已有的许多事物结合了起来，比如舞台剧、望远镜、收音机和电影。这是一项复杂的技术，通过每秒钟显示多张图片（超过了人的眼睛和大脑所能处理的速度），电视创造出了一种虚幻的现实。首台电视用一个橙色的灯泡做光源，灯泡前放置一个能旋转的圆盘，圆盘的外侧边缘上开有一些孔，孔按一定位置排列。当圆盘转动起来后，由于光线透过的位置不同，图像可以一行一行地出现。图像要在圆盘的另一边观看，它们看起来既小又模糊。

虽然同一时间里有许多工程师、科学家和大公司都在开发电视，但贝尔德还是取得了领先，拿出了第一个可显示图像的实用方案。不过，大公司有更多的财力和人力，很快就开发出了更优越的系统。

尽管如此，贝尔德一生都处在电视技术发展的顶尖水平，他研究出了第一台彩色电视、立体电视和高清彩色电视。

如今的电视在其巨大的屏幕背后有灯管或等离子发光体，图像则是由电视内的计算机芯片来处理。

伊恩·洛吉·贝尔德（Iain Logie Baird）是电视发明者（约翰·洛吉·贝尔德）的孙子，他对图片特别感兴趣，也喜欢修理东西。他是英格兰国家传媒博物馆的副馆长，帮助管理馆藏的各种电视机。

128. 如果冰盖不断融化，海洋生物是否会受到影响？

提问者：艾米丽，11岁

回答者：加布里埃尔·沃尔克博士 作家、气象节目主持人

那是当然！许多动物靠着那些冰盖谋生，冰盖融化使它们的处境更糟。

在北冰洋（地球的最北边），北极熊需要在冰上捕猎，冰的融化对它们来说是糟糕透顶的事，当然，对于那些被它们猎捕的动物来说，这也许是个福音。

在南极，那里的帝企鹅长得和你差不多高。它们既庄重又优雅，还特别有理由自豪——因为整个严冬公企鹅都勇敢地站在冰上，不吃、不动，用脚温暖着蛋，等待着春天的来临。冰的融化将使这些可爱的小家伙的日子非常艰难——这真可悲！

但我想，最悲惨的是那些小小的磷虾了。它们的繁殖地在冰盖的下方，这使得幼虾可以得到保护。随着冰的融化，繁殖地消失了，磷虾也就消失了。

这就麻烦了，因为许多美丽的大型海洋动物（比如海豹、鲸鱼、企鹅）都以磷虾为食。磷虾倒霉了，而那些胖嘟嘟的海蜇却迎来了好日子。虽说你也许喜欢吃果冻，但企鹅和海豹们却不喜欢。

回答者简介见171页。

129. 为什么鱼能在水里呼吸而我们却不能？

提问者：乔伊，7岁；阿巴斯，10岁

回答者：阿洛克·贾 科学记者

我们的肺很擅长摄取空气里的氧气。鱼也需要氧气，但它们却不能呼吸空气，于是它们使用身体上的鱼鳃，从水里获取氧气。

水可以很好地溶解氧气（就如同可以很好地溶解盐或糖一般），当鱼游动时，水流过鱼鳃，溶解在水里的氧气便被这些结构特殊的鱼鳃取走了。

很遗憾，我们的肺不能在水下使用，它们不够结实，没法让比空气重的水进进出出。而且，水里溶解的氧要比空气中少很多，因而即使我们能够像鱼那样在水中呼吸，得到的氧气仍不足以应付身体的需要。没有足够的氧气，身体便不能正常工作了。

很幸运我们住在陆地上，这里有充足的空气令我们的肺运转自如。

阿洛克·贾（Alok Jha）喜欢提问也喜欢回答问题，由于想搞清原子是什么做的，他上大学时选择了物理专业。如今他为《卫报》工作，写作的范围从宇宙到恐龙无所不包。他也常出现在BBC电视台和电台的科学节目中。

130. 宇航员吃什么？

提问者：查理，9岁

回答者：凯文·方博士 太空医学专家

宇宙飞船内部空间不大，能源有限，一切都处于失重状态，这些都使得做饭非常困难。想象一下用普通的煤气炉在太空中做饭的情景。首先，锅和锅里的东西四处漂浮；更糟的是，失重使得火苗像长了腿一样到处乱窜，完全无法预测它的去向，因而特别危险。

太空里还不能使用电磁炉，因为那会消耗太多的电能，并且同样也避免不了锅乱飘的问题！微波炉也不灵，它们太重了，还特别耗电。

所以只得用非常特殊的方法处理和烹调食物。宇航员吃的许多食物在带入太空之前都去除了水分，这叫作脱水，目的有两个：第一，使食物更轻，这样火箭就能带得更多；第二，阻止食物变质（冰箱也太重太耗能）。这些干燥的食品封在袋子里，加热时宇航员只需往袋子中注入热水即可——有点像泡方便面，然后用吸管嘬着吃。

有些食物可以放在浅盘里用叉子叉着或用勺子舀着吃。你也许会想，难道那些食物不乱飞吗？其实，如果食物有足够多的水分（比如意大利面条），就会互相粘连并粘在盘子上。

一顿标准的宇航员餐往往会有一些牛肉或鸡肉，都是事先在地球上做熟了并用特殊的方法保鲜，无须冷藏；还会有一些袋装的脱水蔬菜（比如西兰花和胡萝卜），食用时往袋中加入热水；甜食也许会是桃干儿或坚果棒什么的。（顺便提一句，在太空时宇航员要避免喝汽水吃烤黄豆，那些食物会使人打嗝、放屁，让旁人受不了！）

与早期太空飞行相比，今天的太空食谱已经得到了很大的改善，但无论如何，太空食物也没法和地球上相比。

偶尔，当地球上的补给运抵时，太空站里的宇航员们会美餐一顿。宇航员真是眼巴巴盼着补给的到来，因为补给通常会有新鲜的水果和蔬菜——苹果、香蕉、芹菜和胡萝卜。当你在太空里飘了好几个月，既没有冰箱也没有超市，那些水果和蔬菜可是罕见的奢侈品呀！

凯文·方（Kevin Fong）医生是太空医学领域的专家，他喜欢探索人体在极端环境下的应对方式，比如在极地旅行，或到火星登陆。他的新书名叫《极限：生命、死亡以及人体的局限》（*Extremes: Life, Death and the Limits of the Human Body*）。

131. 我们应该一直善待卑鄙的人吗？

提问者：艾斯特，8岁

回答者：亚历山大·阿姆斯特朗　喜剧演员、电视主持人

回答这个问题既简单也困难。说简单是因为，大体说来我们应该一直善待卑鄙的人。如果世上善良的人比卑鄙的人多，世界就会变得更好，所以即使受到了别人的恶意对待，我们也不应让自己变得充满恶意。可是做到这一点又相当困难，有时候我们会觉得不可能和颜悦色对待一个行为恶劣的人。不过要知道，卑鄙的人往往无法自己摆脱坏情绪，他们的恶意常常源于心中的不安和对自己的疑虑，通过善待他们，我们没准能让他们感觉好一些，从而变得善良一些。

亚历山大·阿姆斯特朗（Alexander Armstrong）是一位喜剧演员和电视主持人。他出演双簧喜剧“阿姆斯特朗和米勒”，同时主持著名的竞猜节目《零分至上》（*Pointless*）。

测验题

拿这些题轮流测试一下你的朋友和家人！看看谁是你鱼缸里最聪明的“金鱼”？

所有的问题都是孩子们琢磨出来的，你能搞清哪个是正确答案吗？

测验一

1. 所有的动物都有脑子吗？（维多利亚，10 岁）

a. 是的，当然都有。

b. 不对，有些动物没有脑子。

c. 不对，只有人类有脑子。

答案：b. 不对，有些动物没有脑子。

棘皮动物(包括海星、海胆、海参)有神经系统，但没有大脑。被囊类动物（比如，海鞘）有一个被称为脑状神经节的初级脑，用来控制游泳。但这类动物长大后，会把自己黏附在石头上，由于不再需要大脑，大脑也就消失了。更简单的是扁形动物，它们没脑子，没肠子，没循环系统，没呼吸系统，连屁股也没有！

2. 雀斑是什么？（路易，3 岁）

a. 皮肤上多余色素所产生的小褐斑。

b. 仙女晚上亲吻留下的印记。

c. 水痘或麻疹等疾病留下的疤痕。

答案：a. 皮肤上多余色素所产生的小褐斑。

只有暴露在阳光下的皮肤才会出现雀斑。当皮肤中的黑色素细胞分泌了过多的黑色素时就会产生雀斑。人 5 岁前一般不会长雀斑，成年后雀斑通常又会消失。

3. 企鹅能飞吗？（詹姆斯，7 岁）

a. 能飞，它们的翅膀就是为了飞的。

b. 不能，它们更喜欢游泳。

c. 能飞，但必须得长大了才能飞。

答案：b. 不能，它们更喜欢游泳。

企鹅不能在天上飞，在地上它们也只能蹒跚而行。可是到了水里，它们的翅膀如同鱼鳍一般，能使他们游得飞快。某种程度上讲，它们就像是在水里飞。游得最快的企鹅是巴布亚企鹅，每小时能游36公里，几乎同飞人博尔特100米跑的速度相当。

4. 谁发明了足球？（伊斯瑞尔，9岁）

a. 埃及人。

b. 没有人知道。

c. 古代中国人。

答案：b. 没有人知道。

我们所熟知的足球项目起源于1863年。那一年，足球从橄榄球中分立出来，并在英格兰成立了足球协会。起先比赛用球可以是任意大小，只要参赛双方同意就行。直到1872年，比赛用球才有了标准的尺寸与重量。

在古代，中国士兵、古希腊人及罗马人都出于不同的原因以不同的方式踢过球，但很难确切说清楚这些游戏有哪个与今天的足球有直接的渊源。

5. 西红柿是水果还是蔬菜？（特里斯坦，8岁）

a. 水果。

b. 蔬菜。

c. 都不是，西红柿是膨大的红叶片。

答案：a. 水果。

科学地讲，西红柿是果实，因为它们是在植物开花后形成的，而蔬菜是植物自身可食用的部分（如茎、根、叶等）。可是在厨房里，通常将西红柿说成是蔬菜，因为它们通常被做成咸味菜肴，而水果都用于甜食。西红柿起源于美洲。尽管早在16世纪欧洲人就开始种植西红柿，但当时只是用做观赏植物，因为他们认为这种植物的果子是有毒的。

6. 谁发明了圣诞饼干？（安，10岁）

a. 一个中国兵器匠。

b. 一个法国魔术师。

c. 一个英国糖果匠。

答案：c. 一个英国糖果匠。

饼干是由一个叫汤姆·史密斯的英国糖果匠发明的。1840年，汤姆带家人去巴黎旅行，巴黎是当时的世界糖果之都。在那里他看到了一种夹心软糖：一枚蜜制杏仁包在一张拧成麻花状的彩色蜡纸中。回到英格兰，汤姆决定改进这种软糖，在包装纸中加些额外的东西：先是张写着格言的纸条，然后是个小礼物。据汤姆说，制作带响饼干的灵感来自一年秋天的火炉边，当时火中的一根圆木被烧裂，发出啪的脆响。他花了两年时间研制带脆响的饼干，并在1860年以“盼望的敲门声”之名出售。到1900年，汤姆的工厂每年制作1300万块饼干。

7. 鳄鱼能爬楼梯吗？（希拉里，5岁）

a. 不能，它们的腿抬不了那么高。

b. 不能，它们恐高。

c. 可以爬。

答案：c. 可以爬。

鳄鱼并不常常遇到楼梯，但它们知道怎么爬楼梯。它们有几种在陆地上行走的方法，其中一种叫作“高跷”，即伸直腿，抬起身体离开地面。用这种方法走路，鳄鱼能跨过障碍，爬上高台。鳄鱼在陆地上更常见的移动方式是“贴地爬行”，此时鳄鱼身体贴地，连爬带滑。令人惊奇的是，有些种类的鳄鱼甚至能飞奔或跳跃。

8. J.K. 罗琳考虑过给哈利·波特起其他名字吗？（米莉，10 岁）

a. 没有，这是她最喜欢的男孩名字。

b. 有啊，好多呢。她把所有名字写好放进帽子，抽出来的正是哈利。

c. 不是她选的，而是出版商举行了一个起名竞赛。

答案：a. 没有，这是她最喜欢的男孩名字。

在一次访谈中，J.K. 罗琳透露哈利一直是她最心仪的男孩名字，于是就用它做了她小说主人公的名字。不过，在写书前，如果她有个儿子而不是女儿，也许她会选个其他名字为小说人物命名，因为她的儿子很可能要用哈利这个名字。至于波特，则是她小时候一户邻居的姓氏。

测验二

1. 为什么蓝纹奶酪会发霉？（约书亚，8岁）

a. 因为储存不当。

b. 那是一种特殊的霉菌，加在奶酪上可以增添独特的风味。

c. 那不是发霉，而是添加的色素，可以使奶酪更好看。

答案：b. 那是一种特殊的霉菌，加在奶酪上可以增添独特的风味。

在制作蓝纹奶酪时，为了增加风味，在牛奶或凝乳中会加入了一种叫青霉素的霉菌，同时用金属丝在奶酪上钻一些长而细的孔，这样更利于霉菌生长和传播。蓝纹奶酪中的霉菌是无害的。事实上，其他种类的青霉素也用来制作抗生素。

2. 谁发明了飞机？（阿马拉，8岁）

a. 艾尔默，马姆斯伯里的飞行修士 。

b. 莱特兄弟。

c. 达·芬奇。

答案：b. 莱特兄弟。

许多世纪以来，许多人都制造过飞行器，但第一架有引擎能载人的飞机是由莱特兄弟制造的。1903年，奥利弗 · 莱特驾驶该机在美国加州北部的基蒂霍克进行了试飞。莱特兄弟拥有一家自行车店。在制造飞机前，他们在一个风洞中测试了一个模型，该模型由一个螺旋桨和自制的马达驱动。在15世纪，达 · 芬奇设计了一些飞行器，但没有证据显示他曾制造过一架飞机（这些飞行器当然也没有马达）。艾尔默是11世纪一个居住在英格兰马姆斯伯里的僧人，他给自己做了一对翅膀，然后从教堂的钟楼上跳了下来。老天呀！他没有飞起来，而是摔了下去，跌断了双腿。他后来还想再试一遍，但修道院的院长阻止了他。

3. 哪个国家人口最多？（杰西卡，6岁）

a. 中国。

b. 美国。

c. 印度。

答案：a. 中国。

中国拥有世界上最多的人口，有13亿5404万人。印度是人口第二多的国家，两个国家都在亚洲。亚洲居住着世界3/5的人口，而面积只有世界的1/3。

4. 为什么蜜蜂嗡嗡响？（艾拉，5岁）

a. 它们不喜欢哼哼。

b. 为了吸引异性。

c. 嗡嗡声是它们飞行时翅膀发出的声音。

答案：c. 嗡嗡声是它们飞行时翅膀发出的声音。

蜜蜂飞行时翅膀会使空气振动，从而发出嗡嗡声。有些蜂（尤其是大黄蜂）还会让身体振动，这能帮助把花粉从花上震落。一些花粉会被带回蜂巢喂食幼蜂，剩下的则会掉落在花丛里起到授粉的作用。这叫作振动授粉（Buzz Pollination）。

5. 月亮上有气候变化吗？（迪杰欧曼纳，10 岁）

a. 有。

b. 没有。

c. 有，但只在向阳的一面有。

答案：b. 没有。

月亮上没有天气变化，因为那里几乎没有空气（只及地球大气的 100 万亿分之一）。这里不下雪不下雨也不刮风，因此宇航员留在月球上的脚印也不会被抹掉。不过，月球表面温度的变化却极为剧烈，高能升到 127 摄氏度，低可降至零下 173 度。这同样是因为没有大气的保护：包裹着地球的大气层就如同一张巨大的毯子，保护我们不必遭遇这样极高或极低的温度。

6. 为什么英国女王有两个生日？（威廉姆，10 岁）

a. 因为她喜欢办聚会。

b. 以防她的家人忘记其中一个。

c. 为了让庆祝仪式能赶上一个好天气举行。

答案：c. 为了让庆祝仪式能赶上一个好天气举行。

女王实际的生日是 4 月 21 日，但她官方的生日是 6 月的第一个和第二个或第三个星期六，确切的日期由政府来定。因而，无论国王或女王的生日实际是哪一天，官方的生日游行总能够在夏日的某一天举行——这个游行被称为“王室阅兵庆典”（Trooping of the Colour）。

7. 节礼日（Boxing Day）为什么叫这么个名字？（特里斯坦，8 岁）

a. 因为那天许多家庭会举行传统的拳击比赛。

b. 因为那天要向员工发放圣诞礼盒。

c. 因为那天孩子们会在家长回家时躲进盒子里。

答案：b. 因为那天要向员工发放圣诞礼盒。

依据传统，圣诞过后的第一天要向员工和服务人员赠送圣诞礼盒。据说圣诞节那天服务人员还要忙碌，所以他们一直要等到节后才会收到礼物。在英国，节礼日是圣诞过后的第一个工作日。

8. 为什么我们都有肚脐眼？（伊桑，5 岁）

a. 为了在床上吃薯条时你能把盐放在肚脐眼里。

b. 提醒你肚子在哪里。

c. 肚脐眼是你还是个胎儿时脐带和你身体连接的地方。

答案：c. 肚脐眼是你还是个胎儿时脐带和你身体连接的地方。

当胎儿在母亲的子宫里时，他就是用脐带与母亲相连的。脐带里的血管为胎儿提供他所需的一切，因而胎儿自己不能呼吸，也不能吃东西或饮水。婴儿出生后，便可以自己呼吸和进食，脐带便会被剪去。一小截脐带根会残留几天，很快萎缩脱落（婴儿对此并无感觉），留下的疤痕便是肚脐眼。

测验三

1. 什么是世界上最广为食用的食物？（斯凯，9 岁）

a. 比萨饼。

b. 米饭。

c. 巧克力。

答案：b. 米饭。

玉米是世界上种植最广的作物，但绝大多数都用来喂养动物。所以，人类消耗最多的主食很可能是稻米。稻米为世界各地的人们提供了超过 1/5 的每日摄入能量。最早种植稻米的地方是中国的珠江流域，时间大约在 13500 年前至 8200 年前之间，稻米就是从那里传播到了全世界。

2. 谁发明了塑料？（安德列斯，6 岁）

a. 英国化学家亚历山大·帕克斯。

b. 法国科学家路易斯·巴斯德。

c. 美国企业家约翰·卫斯理·海厄特。

答案：c. 美国企业家约翰·卫斯理·海厄特。

海厄特在 1869 年发明了一种名为"赛璐珞"的硬塑料。这种材料在加热后能被塑造成各种形状，冷却后又会变硬。这种材料可用来制作各种东西，包括胶片（早期的电影常使用），但缺点是容易燃烧。早在 1850 年代，英国化学家亚历山大·帕克斯就发明过一种类似塑料的材料，他称之为"帕克斯素"，但这种材料并没有得到广泛应用。

3. 最大的鱼是什么鱼？（夏洛特，8 岁）

a. 鲸鲨。

b. 姥鲨。

c. 蓝鲸。

答案：a. 鲸鲨。

鲸鲨是地球上最大的鱼——曾经测量过的最大一条有 12 米长，海洋里一定还有更大的。你不用害怕，鲸鲨尽管个大，却不会吃人，而是以浮游生物为食（浮游生物是一种漂浮在海上的微小有机物）。有时，鲸鲨甚至容忍游泳的人抓住它搭段顺风车。姥鲨是第二大的鱼，也是以浮游生物为食。蓝鲸是地球上最大的动物，但它们是哺乳动物，不是鱼类。

4. 什么让橙子成为橙色的？（帕姆，7 岁）

a. 是商店把它们染成橙色的，看起来更诱人。

b. 在中世纪，红色柠檬与黄色柠檬杂交生成了橙子。

c. 由于它们含有胡萝卜素。

答案：c. 由于它们含有胡萝卜素。

像所有橙色的水果和蔬菜一样（如胡萝卜、南瓜等），橙子含有一种叫胡萝卜素的天然色素。橙子原产中国，通过印度和波斯传到全世界，把它们带到欧洲的是阿拉伯商人。那些早期的橙子相当苦（很像柠檬），我们现在所见的品种是柑橘。甜橘子于 17 世纪传进英国，成为剧院中的一种零食，就像今天的冰淇淋或爆米花一样。

5. 地球转一整圈需要多少时间？（克洛伊，10 岁）

a. 一年。

b. 一天。

c.2.3 亿年。

d. 以上所有。

答案：d. 以上所有。

地球的旋转有好多种方式。它绕着自身的轴旋转是每 24 小时（即一天）一圈，绕着太阳转一圈需要整整一年（365.25 天）。同时，我们整个太阳系还在绕着银河系的中心旋转——即使太阳系以每小时 82.8 万公里的速度飞驰，绕完这一圈也要花费 2.3 亿年。

6. 为什么驯鹿被称为 reindeer？（哈特利，3 岁）

a. 它们喜欢下雨（reindeer 中 rein 的读音与“雨 rain”相同）。

b. 那是一个维京词。

c. 它来自芬兰语“Rudolf”一词。

答案：b. 那是一个维京词。

我们的驯鹿（reindeer）一词来自一个古老的北欧语（维京）词汇 hreindyri，在美洲，驯鹿被叫作 caribou。驯鹿是鹿种里是唯一公驯鹿和母驯鹿都长角的品种。驯鹿每年要行走长达 5000 公里，这在哺乳动物里是最多的。驯鹿的奔跑速度也很快，可达到陆地每小时跑 70 公里，水中每小时 10 公里。

7. 人平均有多少根头发？（乔，9 岁）

a. 在 10 万到 15 万根之间。

b. 超过 100 万根。

c. 大约 5 万根。

答案：a. 在 10 万到 15 万根之间。

人的头上平均有 10 万到 15 万根头发，每月会生长 10 到 15 毫米。据吉尼斯世界纪录记载，一个名叫谢秋萍的中国女性留有世界上最长的头发，2004 年测得的长度是 5.627 米。她从 13 岁起开始留发，那一年是 1973 年。

8. 罗尔德·达尔（Roald Dahl）共写过多少本童书？（哈比巴，9 岁）

a.17 本。

b.4 本。

c.100 本。

答案：a.17 本。

罗尔德 · 达尔为孩子们写过 17 本故事书，试试看，能不能说出其中的 8 部？它们是：《捣乱小精灵》（*The Gremlins,1943*）；《詹姆斯与大仙桃》（*James and the Giant Peach,1961*）；《查理与巧克力工厂》（*Charlie and the Chocolate Factory,1964*）；《魔法手指》（*The Magic Finger，1966*）；《了不起的狐狸爸爸》（*Fantastic Mr. Fox，1970*）；《查理与大玻璃升降机》（*Charlie and the Great Glass Elevator，1972*）；《世界冠军丹尼》（*Danny, the champion of the World，1975*）；《大大大的鳄鱼》（*The Enormous Crocodile，1978*）；《蠢特夫妇》（*The Twists，1980*）；《乔治的神奇魔药》（*George's Marvelous Medicine，1981*）；《好心眼儿巨人》（*The BFG，1982*）；《女巫》（*The Witchs，1983*）；《长颈鹿、小鹈儿与我》（*The Giraffe and Pelly and Me，1985*）；《小魔女》（*Matilda，*

1988)；《喂咕呜爱情咒》(*Esio Trot, 1990*)；《胡言乱语的牧师》(*The Vicar of Nibbleswiche*，*1991*)；《树上的小人国》(*The Minpins*，*1991*)。此外，他还写过3本诗集和9部成人小说。

测验四

1. 天空有重量吗？（哈尼，8 岁）

a. 没有，只有空气。

b. 有，不过要看你住在哪里。

c. 有，大概 5.5×10^{15} 吨重。

答案：c. 有，大概 5.5×10^{15} 吨重。

天空指地球的大气层，它由多种气体组成，有氮气、氧气、二氧化碳和一些稀有气体。所有的气体都有重量，经计算大约有 5.5×10^{15} 吨重，相当于 5700000000000 头成年亚洲象的重量！有趣的是，空气在海平面处重量更大，因为由于重力的作用，那里的空气分子被上面的空气挤压，密度更大。

2. 鲨鱼睡觉吗？（卢卡斯，5 岁）

a. 睡觉，它们每天晚上都躲到海床里。

b. 不睡，它们其实一直也不清醒。

c. 它们会休息，但不像我们这样睡觉。

答案：c. 它们会休息，但不像我们这样睡觉。

尽管鲨鱼有活动的时间，也有休息的时间，但它们不像人类那样睡觉。过去认为，鲨鱼必须不停地游泳以保持呼吸，但现在我们知道，鲨鱼能够停歇在海床上。即使你在鲨鱼休息时靠近它们，它们的目光也会跟着你。因为是脊椎神经而不是大脑控制鲨鱼的移动，一些鲨鱼可以边游泳边休息。所以，它们可以休息与移动两不耽误。

3. 耳屎是从哪儿来的？（艾米丽，9岁）

a. 是由外耳的腺体分泌的。

b. 是大脑产生的，为了堵住耳朵防止脑子掉出来。

c. 它们是空气里的灰尘和污垢堆积在耳朵里。

答案：a. 是由外耳的腺体分泌的。

耳屎是由外耳的腺体分泌的，目的是防止外界的水、灰尘、细菌和霉菌进入，以保护耳道娇嫩的皮肤。通常，耳屎可以自己慢慢地从耳道里掉出来，但如果太多的话，也可能卡在耳朵里，这就需要大夫帮忙掏出来。你自己千万不要用手指或棉签去掏耳朵，弄不好会伤到自己。你知道吗？中世纪时耳屎曾被用来制造写字用的彩色墨水呢！

4.CD-ROM 是什么的缩写？（奥姆，8岁）

a.Computer Drive Random Online Mechanism（计算机驱动随机在线装置）。

b.Compact Disc Read Only Memory（只读记忆压缩光盘）。

c.Cylindrical Disruptive Rodent Organising Machine（圆柱形灭鼠机组）。

答案：b.Compact Disc Read Only Memory（只读记忆压缩光盘）。

它的意思是存储信息的压缩光盘，可以在电脑上读取，但不能改变光盘上的信息，也不能在上面记录新的信息。CD由塑料制成，一面有螺旋排列的小凹痕，可供电脑的光驱读取。

5. 世界上最小的岛是哪一个？（阿奇，6 岁）

a. 太平洋里的瑙鲁。

b. 索伦特的怀特岛。

c. 我奶奶池塘里的石块。

答案：a. 太平洋里的瑙鲁。

一块岩石在何种情况下被称作岛并没有严格的定义，但最小的独立岛国是太平洋中的瑙鲁岛。瑙鲁只有 21.28 平方公里，怀特岛几乎能装下 18 个瑙鲁。瑙鲁太小了，连首都都没有。

6. 世界上还有大地懒吗？（弗雷泽，10 岁）

a. 没有了，它们已经灭绝了。

b. 还有，在马达加斯加岛仍能发现大地懒。

c. 没有了，但科学家又从冷冻的 DNA 里创造出了一个。

答案：a. 没有了，它们已经灭绝了。

在上新世与更新世期间，也就是530万年到1.17万年前之间，大地懒生活在美洲大陆。这种动物能用后腿站立，身高达 6 米。大地懒是草食动物，要吃大量的粗糙植物，这很像今天的大象和犀牛。我们之所以能够知道这一点，是因为在它们活动过的岩洞里，发现了大量的粪便化石。大地懒同今天的树懒是亲戚。

7. 为什么不该直视太阳？（艾薇，7 岁）

a. 太阳的热量会改变你虹膜的颜色。

b. 强烈的阳光会损害眼球后面的视网膜。

c. 来自太阳的火焰会灼穿你的眼睛，烧焦你的脑子。

答案：b. 强烈的阳光会损害眼球后面的视网膜。

你永远别直视太阳，哪怕带着太阳镜，因为阳光会给视网膜（眼球后的一层光敏膜）带来永久的伤害。视网膜里包含着光敏细胞，分别是视锥细胞与视杆细胞，通常情况下，就是它们帮助我们看到东西。如果你直视太阳，特别是时间较长的话，这些细胞会被熟化并被毁坏，产生一个盲点。你一般不会注意到这种损伤，因为视网膜并不能感觉到疼痛。

8. 胡萝卜真的能让你在黑暗里看清楚东西吗？（撒拉，9 岁；托米，12 岁）

a. 不能，这只是第二次世界大战中流传的一个故事，为了让大家多吃胡萝卜。

b. 可以，但需要你把它切成透明的薄片。

c. 可以，多吃胡萝卜能给你超人的夜视力。

答案：a. 不能，这只是第二次世界大战中流传的一个故事，为了让大家多吃胡萝卜。

第二次世界大战期间，英国有一个飞行员，人称“猫眼”康宁汉姆，他是首位在夜间击落德国飞机的人。他一下成了大名人，一个有关他吃大量胡萝卜的传说也随之流传开来。食品大臣对这个传说的传播起到了推波助澜的作用，因为这能让人们多吃英国产的胡萝卜，而胡萝卜是当时少数几种数量充足的食品。事实上，胡萝卜里含有的维生素 A，是低光照下视物所必需的物质，不过，吃菠菜也能获取它。

测验五

1. 蚯蚓如何呼吸？（扎克，7 岁；约书亚，12 岁）

a. 由于总待在地下，它们不需要呼吸。

b. 蚯蚓的前端长着几乎看不见的鼻孔。

c. 通过皮肤呼吸。

答案：c. 通过皮肤呼吸。

蚯蚓通过皮肤摄取氧气并排出二氧化碳，这同时也让它们的皮肤保持足够的湿润。如果它们的皮肤变干，比如受到了阳光的曝晒，它们就会死去。为了防止皮肤干燥，蚯蚓会在全身产生一种黏液，这种黏液可以帮助它们吸收氧气，并通过身体各段之间的间隙释放出来。如果天气特别干燥，蚯蚓就会向地底下挖掘去寻找潮湿的土壤。要是下了特别大的雨，雨水会吸收土壤中的氧气，蚯蚓此时面临着溺水的危险。所以在暴雨之后，蚯蚓会爬到地面上来。

2. 身体最大的器官是什么？（路易斯，10 岁）

a. 肝脏。

b. 皮肤。

c. 大脑。

答案：b. 皮肤。

皮肤被算作一个器官，所以很明显它是最大的。（肝脏是最大的内脏器官。）一个成人的皮肤平均重 3.6 公斤，面积大概有 2 平方米。除了感觉与触觉以外，皮肤还有许多神奇的功能：它能防水，它能帮你避免过冷或过热，它又能防止阳光或其他有害物质伤害你身体的内部。它还能防止身体感染，还能制造维生素D，这种物质对骨骼的健康至关重要。最后，也是最为当然的，皮肤把人所有其余的东西包在一起。如果没有皮肤，你就直接散架了。

3. 为什么鲇鱼被称为“猫鱼”？（利亚姆，10岁）

a. 因为它们的触须很像猫的胡须。

b. 它们喜欢吃猫。

c. 当它们被抓到时发出的动静很像是猫叫声。

答案：a. 因为它们的触须很像猫的胡须。

鲇鱼嘴的两边都生有触须，看起来像是猫的胡须。鱼用触须去发现、触碰食物，并辨别食物的味道。鲇鱼的种类很多，所有的鲇鱼都至少有两条触须，很多种鲇鱼在鼻子上或下巴的周围还有更多对触须。一些品种的鲇鱼触须据说长达4.5米，不过，捕捞上来触须最长的一条鲇鱼是2010年在泰国的湄公河里捞上来的，它的触须长达2.7米，个头有灰熊那么大。

4.1000000000000000怎么念（即1后面有15个0）？（伊芙，7岁）

a. 没法念，还没有人给这个数字想出个名字来。

b. A quadrillion（一千万亿）。

c. A gazillion（极大）

答案：b. A quadrillion（一千万亿）。

1后面15个0被称为一千万亿（quadrillion），通常写作10^{15}，即10的15次方，意思是15个10连乘。一般而言，我们往往会将超过1百万的数字写作10的多少次方的形式。假设你攒了一千万亿个1便士硬币，一个个连起来能从太阳到木星打一个来回。

5. 香蕉有种子吗？（希亚，7岁）

a. 没有，香蕉其实是一种动物。

b. 有的，整个香蕉就是一枚种子。

c. 有的，但你没法通过种香蕉长出新香蕉。

答案：c. 有的，但你没法通过种香蕉长出新香蕉。

我们在商店里看到的黄色香蕉是有种子的，果肉中间那些小小的黑点就是种子。但这些种子并没有充分发育，并不能生长发芽。取代种子的，是香蕉的吸芽，从吸芽上长出的新香蕉其实是对其母本的克隆。由于是代代克隆，香蕉对许多疾病没法进化出抗病能力，因而特别容易得病。不过，野生香蕉还是可以产生成熟的种子的。

6. 最早在电影007里演詹姆斯·邦德的是谁？（费格斯，9岁）

a. 丹尼尔·克雷格。

b. 肖恩·康纳利。

c. 巴瑞·尼尔森。

答案：c. 巴瑞·尼尔森。

虽然肖恩·康纳利是银幕上的第一个邦德（他出演的《诺博士》一片拍摄于1962年），但美国演员巴瑞·尼尔森在1954年就演过邦德，不过是在黑白电视上——电视剧本根据伊恩·弗莱明的小说《皇家赌场》改编，其中的英国特工邦德被改成了美国特工邦德。

7. 盐是什么? (居海，8岁)

a. 美人鱼的头屑。

b. 干透的冰雹。

c. 氯化钠。

答案：c. 氯化钠。

食盐是一种叫氯化钠的物质，它是氯元素与钠元素进行化学反应的产物。盐可来自海水或内陆的咸水（海水蒸发干净后，盐就被剩了下来），也可来自盐矿。其实，我们吃的盐多数都是从地里开采出来的。在天气极度寒冷的冬天，盐还被用来阻止道路结冰。

8. 世界上最长的歌是哪一首? (杰西明，8岁)

a. 皇后乐队的《波西米亚狂想曲》。

b. 杰姆·芬纳的《Longplayer》。

c. 一首土著民歌。

答案：b. 杰姆·芬纳的《Longplayer》。

有许多流行歌曲的长度都超过了20分钟，但都比不过约翰·凯奇的管风琴曲《越慢越好》。该乐曲2001年在德国的一座教堂里开始演奏，计划要持续演奏639年，到2640年才结束。但这还是要比《Longplayer》短不少，这首曲子从1999年开始演奏，打算不重复地连续演奏到2999年的最后一刻。然后，曲子将在下一个千年再重复一遍。该曲子是为僧磬创作的，僧磬是一种古老的坐式钟，既可以由人来敲，也可用机器敲。

测验六

1. 狗能看到颜色吗? （安布尔，8 岁）

a. 能看到，它们的眼睛和人的一样。

b. 不能，狗看所有东西都是黑白的。

c. 能，但狗看到的颜色比较有限。

答案：c. 能，但狗看到的颜色比较有限。

狗不是完全的色盲，但也不能像人那样分辨各种色彩。人的眼睛里有三种识别颜色的细胞受体，能分别识别红色、绿色和蓝色光，而狗只有两种辨色细胞，只能看到黄色光和蓝色光。当然，狗并不是看不到绿色或红色的物体，而是辨别不出那个物体到底是绿色、红色还是蓝色的，这一点很像患了红—绿色盲症的人。有些动物识别颜色的能力比人类还强，一些鸟有辨别 4 种颜色的受体，有些鱼有 5 种，而螳螂虾竟有 12 种之多。

2. 什么使爆竹发出“嘣”的响声? （詹姆斯，5 岁）

a. 爆竹里有个敲鼓的小精灵。

b. 爆竹里有些金属片在相互撞击。

c. 爆竹里的气体突然膨胀。

答案：c. 爆竹里的气体突然膨胀。

爆竹爆炸时的响声是由压力波造成的。在爆竹被点燃后，里面的固体爆炸物迅速燃烧，放出大量气体。气体极速膨胀，冲撞周围的气体，形成压力波。当这股压力波触及人的耳朵时，人就会听到

“嘣”的一声。

3. 一天里何时人影最长？（哈维，7岁）

a. 午夜。

b. 日出或日落时。

c. 中午。

答案：b. 日出或日落时。

太阳在地平线的最低点时，人的影子最长。所以，无论是清早朝阳初升，还是傍晚夕阳将没时，人的影子都是一天中最长的。在正午，太阳当头直照，人影是最短的。如果在一天的正午站在赤道上，阳光将从你的头顶垂直射下来，你几乎找不到自己的影子。

4. 凡·高在世的时候有名气吗？（克罗伊，7岁）

a. 毫无名气，他活着时只卖出过一幅画。

b. 很有名，他死前已是百万富翁了。

c. 有名，但只在日本有名。

答案：a. 毫无名气，他活着时只卖出过一幅画。

虽然如今被公认为荷兰最好的画家之一，但凡·高的一生却充满了苦难。他经常靠在巴黎当画商的弟弟周济自己金钱和画画的材料。到1890年自杀时为止，他创作了800幅油画和700幅其他画作。1990年，他的画作《加歇医生的画像》在创作完成整整100年后，卖出了8250万美元的高价，成了有史以来最贵的画作之一。

5. 玻璃是什么造的？（哈利尼和安德烈斯，6岁）

a. 冰冻的水。

b. 沙子。

c. 切割得很薄的钻石。

答案：b. 沙子。

只要将沙子融化就能造出玻璃来，不过那需要特别高的温度。由于这个原因，一种叫碳酸钠的化学物质被加到沙子里，这样沙子就能在较低的温度下融化。不过，掺了碳酸钠的沙子造出的玻璃很容易被水溶解，因而没有太多的用途。想象一下，盛水的玻璃杯子竟然被水溶解了会是什么情况！所以，人们后来又在原料中添加了石灰，这一次终于造出了耐用的玻璃。

6. 蜗牛如何吃东西？（雅克布，10 岁）

a. 蜗牛将毒素吐在食物上将食物溶解，然后吸食。

b. 蜗牛有像人那样的牙齿，先将食物嚼碎，然后咽下。

c. 蜗牛先将食物弄碎，然后再送进嘴里。

答案：c. 蜗牛先将食物弄碎，然后再送进嘴里。

蜗牛长着一种叫作“齿舌”的带状器官，其上生有数排齿状物，食物从上面通过时，就会被弄碎，然后进入嘴里，整个过程如同传送带一般。鼻涕虫的进食方式也与此类似，它们的样子很像蜗牛，不过身上没有壳，而是覆盖了一层滑溜溜的黏液。

7. 人体最小的骨头是什么？（斯凯，9 岁）

a. 耳朵中的镫骨。

b. 小拇指的末节指骨。

c. 尾骨。

答案：a. 耳朵中的镫骨。

镫骨只有 3 毫米长，是人体中最小的骨头。人的中耳中有三块骨头，镫骨是其中的一块，这些骨头连成一条传导链，将耳朵所捕捉到的声波传送进内耳的液体当中。中耳中的另外两块骨头分别是锤骨和砧骨。手指的末节指骨也非常小，但相比镫骨，还是大了好几倍。

8. 为什么火星是红色的？（阿摩多，11 岁）

a. 火星并非真是红色的，只是因为它被红色气体笼罩，所以从地球上看起来是红色的。

b. 火星是一个炎热的星球。

c. 火星表面含有大量的铁。

答案：c. 火星表面含有大量的铁。

火星的地壳里含有大量的铁，这使它呈现出红色。（这也是为什么铁锈是红色的，你的血液呈现红色也是同样原因。）从地球上，你能看到这颗被称为“火”星的红色星球。火星表面，即使正午时分在赤道地区，最高温度大概也只有 20 摄氏度，而其两极地区，最低温度可达到零下 153 度。火星上也会刮起狂风。有时，风暴会卷过整个星球，沙尘飞扬，数月不能平息。

测验七

1.在彼得·潘中，铁钩船长断手前叫什么名字？（阿摩斯，5岁）

a. 阿伯尔·希曼·胡克。

b. 大手船长。

c. 我们不知道。

答案：c. 我们不知道。

作者詹姆斯·马修·巴利只告诉我们，在彼得·潘将那个凶恶海盗的手砍掉喂了鳄鱼之后，他只好用个铁钩替代，于是便得了那个外号。但作者没讲这之前他叫什么名字，只是提到“铁钩并不是他的本名，如果透露了他的真名，会令整个国家烈焰熊熊”。所以，我们还是不知道为妙！

2. 地震是如何发生的？（欧特拜，8岁）

a. 地震是由于特别多的人同时蹦跳产生的。

b. 地震是由于地壳岩石板块间的相互挤压产生的。

c. 当地球过于靠近太阳时就会发生地震。

答案：b. 地震是由于地壳岩石板块间的相互挤压产生的。

地壳由一系列巨大的岩石板块组成。尽管我们没有感觉，但这些板块一直在极其缓慢地移动——每年大概只移动几毫米或几厘米。这些板块的边缘并不是平滑的，板块接触的地方由于互相挤压会不断积累压力，这种压力可能会突然释放，造成大地摇晃，引发地震。

3. 彗星是什么组成的？（卡特里奥娜，9 岁）

a. 沙尘和冰。

b. 火。

c. 宇宙飞船的碎块。

答案：a. 沙尘和冰。

彗星由尘土和冰组成，就像一个脏雪球。彗星靠近太阳时，冰会受热变成蒸汽，与尘土相混合形成围裹彗星的气团，被称为“彗发”。太阳一直在释放的粒子流，即太阳风，会将彗星的气团吹向远离太阳的一边，如同一条长长的尾巴。古希腊人觉得那看起来像是头发，所以将彗星叫作“Kometes”（古希腊语“长发”之意），彗星（comets）的名字便由此而来。

4. 为什么即使吃很多蔬菜，粑粑依然是棕色的？（艾米利亚，7 岁）

a. 那表明你吃了太多的巧克力。

b. 那是随粪便排出的废弃血细胞的颜色。

c. 将所有的颜色混在一起便是棕色。

答案：b. 那是随粪便排出的废弃血细胞的颜色。

血液中的红细胞在破损后便不能正常工作了，所以身体要把它们排出。它们是浅棕色的，混进粪便后粑粑也被染成了棕色。如果这些老的血细胞没法进入肠道（一般在患有梗阻性黄疸时便会出现这种情况），排出的粪便就会颜色很淡，甚至会是白色的。

5. 为什么人老了身体会缩短？（沙扎若，9 岁）

a. 由于脊椎间的椎间盘收缩。

b. 人老了腿骨会缩短。

c. 不是别人真的缩短了，而是你长高了。

答案：a. 由于脊椎间的椎间盘收缩。

在你背部的每块脊椎骨之间，都有一块黏糊糊果冻状的椎间盘起缓冲作用。这些椎间盘经过一天的挤压，会失去一些水分，使得每个人到了晚上都会比早上矮一些（最多可达 1.9 厘米），即使小孩也不例外。当人上床睡觉时，椎间盘在释放掉压力后得以很好复原，人在早上就又恢复了原来的身高。但当人体变老时，恢复就不再那么容易，总是会少复原那么一点点，因此身高便开始收缩。到 60 来岁时，有些人的身高会矮上 5 厘米。

6. 从恐龙进化而来的动物中还有哪些存活至今？（杰克，10 岁）

a. 鳄鱼。

b. 蚂蚁。

c. 鸟类。

答案：c. 鸟类。

兽脚类恐龙的一个分支是现代鸟类的祖先，所以鸟实际上就是活着的恐龙。所有其他的恐龙都在大约 6500 万年前灭绝了，鳄鱼的祖先是一种史前的爬行动物，不属于恐龙家族。

7. 为什么太阳是黄色的？（姗妮亚，10 岁）

a. 太阳不是黄色的，是白色的。

b. 太阳是由黄色气体组成的。

c. 黄色是最令人高兴的颜色。

答案：a. 太阳不是黄色的，是白色的。

太阳是一团气体，它能发出一道彩虹里包含的所有颜色的光。这些颜色的光混在一起，形成了白光，所以阳光的颜色是白色的。太阳在太空里看起来确实是白色的。但是，地球的大气层过滤掉了阳光中的多数蓝光，使得我们看不到阳光里的蓝光，而是看到更多的黄、绿光线——这就是太阳在我们看起来呈黄色的原因。日出和日落的时候，太阳在天空中的位置很低，光线在照到人眼前穿过了更厚的空气，这使太阳看起来更偏橘红色，甚至是红色。

8. 为什么我们热了会出汗？（米娅，8岁）

a. 给身体降温。

b. 使我们看起来更漂亮，更有光泽。

c. 为了吓跑害虫。

答案：a. 给身体降温。

当我们热了，皮肤上就会渗出汗腺所分泌的汗水，随后，身体的热量会使汗水蒸发，让皮肤凉下来。有时候，我们在身体感染时也会出汗——此时体温上升，汗腺会分泌汗水来降温。我们感到紧张和激动时也会出汗，但不是全身都出汗。我们感到焦虑时，掌心、脚心、前额或腋下特别容易出汗。

测验八

1. 蛇咬自己一口会中毒吗?（路易斯，10岁）

a. 会中毒，所以蛇特别小心。

b. 会中毒，但不会致命，只是会失去蛇皮。

c. 不会中毒，蛇对自己的蛇毒有免疫力。

答案：c. 不会中毒，蛇对自己的蛇毒有免疫力。

尽管蛇绝对不会傻到咬自己一口的地步，但蛇似乎对自己的蛇毒还是有免疫力的。而且，在下嘴时蛇可以选择不释放蛇毒（这称为“干咬”），所以，即使蛇因为什么古怪的理由非咬自己一口不可，它也很可能不释放蛇毒。蛇在成长过程中会蜕皮，这是个自然过程，与蛇毒无关。

2. 为什么动物会有尾巴?（费莉希蒂，3岁）

a. 用来帮助运动和平衡。

b. 用来帮助交流。

c. 以上都对。

答案：c. 以上都对。

尾巴有许多用途。鱼用尾巴来帮助游泳，鸟用尾巴帮助飞翔。像松鼠或猫那样的攀爬动物，尾巴可以帮助保持平衡（猴子还把尾巴当作第五只手来用），其他动物用尾巴来交流。狗晃尾巴表示快活，响尾蛇摇尾巴意在警告。尾巴还能驱赶蚊蝇（马和牛便是如此），也能作为武器（鳄鱼强壮的尾巴威力无比）。一些蜥蜴用尾巴来帮助逃生：如果捕食者抓住了蜥蜴的尾巴，尾巴就会脱落，让蜥蜴逃脱。

3. 黑洞是什么？（托比，6岁）

a. 沙发背后的袜子洞。

b. 月球陨石坑的另一种叫法。

c. 宇宙中引力超级大的一些区域。

答案：c. 宇宙中引力超级大的一些区域。

黑洞是一种物体，其空间特别小，而聚集的物质又格外多，这使得它的引力强大到了足以阻止光线或其他任何物质从其中逃脱。它们由某颗巨大的恒星坍塌而形成，由于所有的光线都被吸附在内，所以人们看不到黑洞。不过，通过观察黑洞周边的物质被其巨大的引力场所吸引，我们得知了黑洞的存在。宇宙里有数以几十亿计的黑洞，但不用担心，它们都离我们很远。

4. 眼泪为什么是咸的？（丹尼尔，6岁）

a. 让你别喝它们。

b. 有助于眼泪在脸上滚动。

c. 保持眼睛的健康。

答案：c. 保持眼睛的健康。

人的眼睛总是浸润在咸咸的泪水中，这能让眼睛保持健康并工作正常。泪水里含有蛋白质和多种生物酶，能起到清洁眼球并助其转动光滑的作用。你兴许并没有流泪，但你的眼睛却随时分泌着泪水（每天大约150到300毫升）。与泪水一样，人体中的所有液体都带有少量的盐分，比如你的血液和尿液。

5. 为什么阳光下的海是蓝色的？（杰西卡，9岁）

a. 因为海中的鱼都是蓝色的。

b. 因为海水反射的蓝光比其他光多。

c. 因为海底是蓝色的。

答案：b. 因为海水反射的蓝光比其他光多。

虽然看起来是白色的，但太阳光是由各种颜色的光组成的。当阳光照射在海面上时，红、绿、橙、黄光被海水吸收，而蓝光和紫光却被反射了回来。这些蓝光和紫光为我们的眼睛所捕捉，所以大海看起来就是蓝色的。有时，当海底的泥沙被海浪翻起时，大海呈黄褐色；当海水里含有大量海藻时，大海是绿色的。

6. 闪电能击中牛吗？（伊萨克，9岁）

a. 能，但牛不会受伤，因为牛是优良的导体。

b. 不能，在下雨时牛总待在室内。

c. 能，任何挡住闪电去路的物体都会被击中。

答案：c. 能，任何挡住闪电去路的物体都会被击中。

如果附近没有更高的导电体存在的话，牛和人一样也能被雷电击中。有种理论说，四足着地的动物在雷雨天更容易招惹电击，因为它们的两前足如果靠近雷击点的话，两后足就会离雷击点稍远一些，这会让电流更容易通过它们的身体。

7. 2012年奥运会的吉祥物是什么？（开尔瑞，10岁）

a. 是一滴为建筑奥运场馆炼钢时洒落的钢水，名叫文洛克。

b. 是一只名为普莱达的英国狮子。

c. 福娃。

答案：a. 是一滴为建筑奥运场馆炼钢时洒落的钢水，名叫文洛克。

儿童作家迈克尔·莫尔普戈为官方吉祥物写了一个故事，在故事里这个吉祥物来自一滴融化的钢水，是为建筑奥运场馆炼钢时洒落的。它被称作文洛克，名字来自于施洛普希尔村的马奇·文洛克，在现代奥运会诞生之前，那里曾举办过更早期的奥运会。残奥会的吉祥物是曼德维尔，名字得自白金汉郡的斯托克曼·曼德维尔，那里是残奥会的发源地。两个吉祥物都有一只巨大的相机镜头般的眼睛，头上戴着伦敦出租汽车的黄色车灯，手腕上带着奥林匹克手链。狮子普莱达是英国奥运代表队的吉祥物，而福娃是2008年北京奥运会的吉祥物。

8. 为什么人们眼睛的颜色不一样？（康斯坦斯，9岁）

a. 为了显得漂亮。

b. 因为人们眼睛中的色素含量不一样。

c. 眼睛的颜色与在哪儿出生有关。

答案：b. 因为人们眼睛中的色素含量不一样。

你的眼睛中带颜色的部分是一块叫作虹膜的肌肉，它用来调节瞳孔开合的大小，以控制让多少光线进入。虹膜里含有一定数量的黑色素（同皮肤和头发里的色素是相同的），这些黑色素的数量和分布情况决定了眼睛的颜色。如果色素很多，眼睛的颜色就会很深，呈棕色；如果色素很少甚至没有色素，眼睛的颜色就会很淡，呈蓝色。在这两种极端情况之间，人们的眼睛可能有很多种颜色：绿色、栗色、琥珀色、灰色或者蓝紫色。

图书在版编目(CIP)数据

孩子提问题 大师来回答 . 2/ (英)哈里斯编著;
杜冰译 .-- 上海:上海社会科学院出版社,2015
书名原文:Dose my goldfish know who I am? And
hundreds more big questions from little people
answered by experts
ISBN 978-7-5520-0786-2

Ⅰ. ①孩… Ⅱ. ①哈… ②杜… Ⅲ. ①科学知识—儿
童读物 Ⅳ. ① Z228.1

中国版本图书馆 CIP 数据核字(2015)第 026570 号

上海市版权局著作权合同登记号: 图字 09-2015-017

孩子提问题 大师来回答 2

编　　著:[英]杰玛·埃尔文·哈里斯
译　　者:杜　冰
责任编辑:李　慧　唐云松
特约编辑:陈朝阳
出版发行:上海社会科学院出版社
上海市顺昌路 622 号　邮编 200025
电话总机 021-63315900　销售热线 021-53063735
http: //www. sassp.org.cn　E-mail: sassp@sass.org.cn
印　　刷:北京凯达印务有限公司
开　　本:710 × 1000 毫米　1/16 开
印　　张:16.5
字　　数:165 千字
彩色插图:30 幅
版　　次:2015 年 6 月第 1 版　2018 年 6 月第 5 次印刷

ISBN 978-7-5520-0786-2/Z·044　　定价:36.80 元